330134

OX | HE
5/12

Henley Library
Ravenscroft Road
Henley-on-Thames
OXON RG9 2DH
Tel: (01491) 575278

To renew this book, phone 0845 1202811 or visit
our website at www.libcat.oxfordshire.gov.uk
(for both options you will need your library PIN
number available from your library),
or contact any Oxfordshire library

OXFORDSHIRE
COUNTY COUNCIL
www.oxfordshire.gov.uk

GEKÜRZT UND VEREINFACHT FÜR SCHULE
UND SELBSTSTUDIUM
Diese Ausgabe, deren Wortschatz nur die gebräuchlichsten
deutschen Wörter umfasst, wurde gekürzt und
in der Struktur vereinfacht und ist damit den Ansprüchen des
Deutsch Lernenden auf einer frühen Stufe angepasst.

Umschlagentwurf: Mette Plesner
Umschlagillustration: Lilian Brøgger

© 1990 Verlag Carl Ueberreuter, Wien
© ASCHEHOUG/ALINEA, 1994
ISBN Dänemark 87-23-90274-4

Easy Readers

EGMONT

Gedruckt in Dänemark von
Sangill Grafisk Produktion, Holme Olstrup

RUDOLF HERFURTNER

wurde 1947 in Wasserburg am Inn geboren. Ab 1968 studierte er Germanistik, Anglistik und Theaterwissenschaften in München. 1975 wurde er Magister mit einer Arbeit über »Die Darstellung des Außenseiters im Jugendbuch nach 1945«. Ab 1971 arbeitete er für das Feuilleton einer Münchner Tageszeitung, den Bayrischen Rundfunk und das Fernsehen.

1973 erschienen die ersten literarischen Veröffentlichungen. Er lebt heute als freier Schriftsteller und Rezensent in München.

WERKE DES AUTORS

Hinter dem Paradies, 1973; Die Umwege des Bertram, 1975; Hard Rock, 1979; Simon Fräsers lange Reise zum Pazifik, 1981; Rita Rita, 1984; Das Ende der Pflaumenbäume? 1985; Wunderjahre, 1990; Motzarella und der Geburtstagsdrache, 1993.

MENSCH KARNICKEL

Ein Krieg wird noch Jahrzehnte später bitter bezahlt.

Josef Reding, »Friedland«

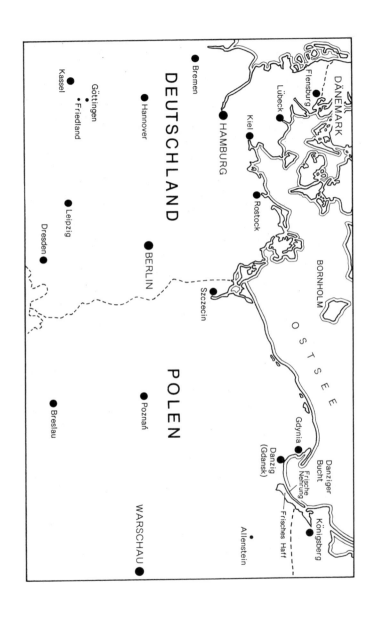

Winter 1945

»Los Junge, wir gehen jetzt übers Eis!«, sagt der Mann und schiebt seinen Wagen auf das zugefrorene *Haff* hinaus.

So machen es Tausende vor ihm und Tausende hinter ihm. Der Junge nimmt seinen *Pappkarton* und den *Rucksack* und reiht sich in den *Treck* ein. Das *Kaninchen* trägt er unter dem Hemd. Die drei anderen Jungen, mit denen er zusammen ist, sind schon lange voraus.

»Los schneller!«, sagt der Mann. »Wer weiß, wie lange das Eis noch trägt.«

Der Junge geht schneller. Er tut, was man ihm sagt, schon lange.

»Sei ein braver Junge«, hat seine Mutter zu ihm gesagt, als sie ihn in den Zug zur *Kinderlandverschickung* nach Ostpreußen setzte. »Im Heim hast du es besser als hier mit den täglichen Bombenangriffen. Du musst jetzt ein *tapferer* Junge sein! Versprichst du mir das?«

Er versprach es und war ein tapferer Junge und weinte erst, als der Zug schon abgefahren war.

Sein Lehrer tröstete ihn und der Hitler-Jugend-Führer sagte: »Ein deutscher Junge weint nicht. Ein deutscher

das Haff, ein flacher See, der vom Meer durch Inseln oder ein schmales Stück Land (die Nehrung) getrennt ist
der Pappkarton, ein Kasten aus dickem Papier
der Rucksack, ein Sack, den man auf dem Rücken trägt
der Treck, ein Zug von Personen, besonders von Flüchtlingen
das Kaninchen, siehe Zeichnung auf Seite 8
brav, artig
die Kinderlandverschickung (KLV), die Kinder wurden in ein Heim aufs Land geschickt um vom Krieg wegzukommen
tapfer, brav

7

Junge ist stolz, dass ihn der Führer zu einem nützlichen Mitglied der Volksgemeinschaft macht.«

Sie machten Spiele und sangen und waren ihrem Führer Adolf Hitler dankbar, dass er sie beschützte. Sie wollten alle Soldaten werden und ihr HJ-Führer lobte sie dafür.

Aber noch lieber saß der Junge bei den Kaninchenställen des *Hausmeisters*.

Später kam die Rote Armee immer näher und Ostpreußen wurde abgeschnitten. Wir müssen *abhauen*, der Russe kommt, sagten die Leute. Der Lehrer wollte die Kinder evakuieren.

Aber der HJ-Führer stellte sich mit den *Stiefeln* auf den Tisch und *brüllte*: »Der Führer wird uns helfen. Und wenn er sich in seinen schwersten Stunden fragt: Wird meine Jugend tapfer sein? Dann rufen wir ihm zu: Ja, das wird sie, mein Führer!«

In der Nacht packte der HJ-Führer seine Stiefel ein und verschwand *heimlich* mit dem Motorrad des Hausmeisters. Am Morgen packten sie dann alle ihre Sachen

das Kaninchen

der Hausmeister, jemand, der für Ordnung und Sauberkeit in einem Haus sorgt
abhauen, weglaufen
der Stiefel, ein hoher Schuh
brüllen, laut schreien
heimlich, ohne gesehen zu werden

und gingen zum Bahnhof. Der Junge hatte ein Kaninchen unters Hemd gesteckt, das kleine, graue mit der weißen *Pfote*. Der Hausmeister hatte es gesehen und *genickt*.

Sie bekamen einen Zug, ein Stück weit, dann 5 kamen Flugzeuge und zerstörten das Gleis. Sie verloren den Lehrer beim Weglaufen. Acht oder neun fanden wieder zusammen. Sie schlossen sich einem Treck an. Einer erfror. Es war ja Winter, zwanzig Grad unter Null in der Nacht und kaum *Unterschlupf*. 10

Es kamen wieder Flugzeuge.

»Werft euch auf den Bauch!«, schrie jemand. Der Junge tat, was man ihm sagte, aber er passte auf, dass er das Kaninchen nicht erdrückte.

Als sie auf den Haffwiesen oben an der Danziger 15 Bucht ankamen, waren sie nur noch vier aus dem KLV-Lager. Aber um sie herum waren Zehntausende, eingeschlossen von drei Seiten durch die Rote Armee. Alles war voller Wagen und *Karren* und *Hausrat* und Koffer, Koffer, Koffer. Und Ziegen und Pferde und Hühner und 20 ein Schwein. Und schweigende, *erschöpfte*, mutlose Menschen überall, wohin man sah. Und alle wollten übers Haff zur *Nehrung* und von da vielleicht nach Danzig und weiter nach Westen; denn das war der einzige Weg, den die Russen noch offen gelassen hatten. 25

---

die Pfote, der Fuß von Tieren
nicken, Ja sagen
der Unterschlupf, ein Ort, an dem man Schutz findet
der Karren, der Handwagen
der Hausrat, Sachen und Möbel für den Haushalt
erschöpft, bis ans Ende der Kraft, ermüdet
die Nehrung, das schmale Stück Land zwischen dem Haff und dem offenen Meer

9

»Bleib nicht stehen«, sagte der Mann. »Ist keine
Zeit zu träumen, jetzt! Willst du erfrieren?«

Vielleicht will er das, der Junge mit dem Kaninchen.
Aber er denkt an seine Mutter und ist ein tapferer Junge und geht weiter. An den HJ-Führer denkt er nicht
mehr und an den anderen Führer, der alles für ihn tut.
Für seine Mutter geht er weiter und weil er nicht will,
dass das Kaninchen stirbt.

Es ist nicht mehr so kalt. Anfang Februar 1945 kam
ein warmer Wind und brachte Regen.

Das meterdicke Eis auf dem Haff sinkt. Das Wasser
auf dem Eis macht das Gehen schwerer. Der Wagen
des Mannes bleibt stecken. Sofort sammelt sich das
Wasser um die Räder. Die Räder sinken ein. Dann
bewegt sich der Wagen ein Stück zur Seite.

»Weg!«, schreit der Mann. »Lauf weg!«

Der Junge läuft weg. Es *kracht*. Das Eis reißt auf unter
den Rädern. Der Wagen versinkt im Meer. Der Mann
hat nichts mehr.

Das Haff ist fünfzehn Kilometer breit. Das weiß der
Junge. Das Haff ist eine flache Meeresbucht, die fast
vollständig durch eine Landzunge zum Meer hin abgeschlossen ist. Die Landzunge heißt Nehrung, Nehrung
ist verwandt mit englisch: narrow. Das heißt: eng. Die
Zufahrt vom Meer ins Haff ist eng. Und sie wollen zur
Frischen Nehrung.

Fünfzehn Kilometer, das sind sechs Stunden Weg.
Wenn er sich jetzt hinlegt, dann ist er in fünf Minuten
eingeschlafen. Und dann ist alles vorbei. Denn aufwachen wird er nicht mehr. Überall liegen welche, die
nicht mehr aufwachen werden. Er setzt sich hin.

| *krachen*, lärmen

10

»He, bist du verrückt!«, ruft jemand aus dem Treck. »Steh auf.«

Da steht der brave Junge wieder auf und geht weiter. Seine Kameraden sind schon ein ganzes Stück voraus. Er ist ein braver, tapferer, deutscher Junge. Bald ist er wieder bei ihnen.

»Mensch, Karnickel, willst du erfrieren!«

Sie erreichen schließlich die Frische Nehrung. Da sind ein paar Schiffe. Kleine Dinger, Fischkutter. Alle wollen auf die Schiffe. Die Schiffe sind schnell überfüllt. Also gehen sie auf der Nehrung weiter nach Westen.

Flugzeuge, immer wieder Flugzeuge. Sie werfen Bomben aufs Eis.

Die Jungen können nicht mehr, setzen sich auf den *Landungssteg* und warten auf ein Schiff. Sie haben nichts mehr zu essen. Sie sind nass und frieren. Seinen Pappkarton mit den warmen Sachen zum Wechseln hat der Junge auf dem Haff verloren.

In der Nacht kommt ein Schiff, nicht sehr groß.

Hunderte *drängen* über den Landungssteg. Die vier Jungen schaffen es auch. Sie setzen sich gleich beim Landungssteg auf eine *Tonne* und warten. Es dauert vierzehn Stunden, bis das Schiff zur Abfahrt bereit ist.

Andere Kinder sind zu ihnen gekommen, weil Karnickel sein Kaninchen aus dem Hemd geholt hat. Die Kinder *streicheln* das Kaninchen. Das Kaninchen springt davon. Karnickel versucht es zu fangen. Aber er kommt

---

der Landungssteg, ein schmales Brett, das von Land auf das Schiff führt
drängen, sich in einer Menschenmenge vorschieben
die Tonne, ein großer Eimer
streicheln, liebevoll anfassen

11

nicht vorwärts. Das Schiff ist voll von Menschen. Das Kaninchen rennt durch viele Beine und landet schließlich auf dem Landungssteg, der gerade eingezogen werden soll. Das Kaninchen springt an Land.

5   Karnickel überlegt nicht lange. Er springt im letzten Augenblick hinterher. Er fällt hin, verletzt sich den Fuß.

Seine Kameraden auf dem Schiff rufen ihm nach: »Mensch, Karnickel! Komm zurück!«

Sonst kümmert sich keiner um den Jungen. Der
10   Landungssteg ist eingezogen. Das Schiff fährt ab.

Vom Schiff aus sehen sie, dass Karnickel aufsteht. Keiner der Menschen an Land hilft ihm. Man hat so viele fallen sehen. Was soll man sich anstrengen für einen verrückten Jungen, der wegen seines Kaninchens
15   das rettende Schiff verlässt?

Der Junge schaut sich um, ruft wohl auch nach seinem Kaninchen. Das sehen sie noch auf dem Schiff. Dann sehen sie ihn verschwinden unter den Tausenden, die auf die Nehrung drängen, immer noch und noch ...

Frühjahr 1948

»Das ist das Foto«, sagt die Frau. »Ich hab auch noch ein neueres.«

»Nein, nein, das erste ist gut«, sagt der Mann, »wenn es ihr Lieblingsfoto ist.«

5 »Ja, es ist, glaube ich, mein Lieblingsfoto.«

»Was hat er da?«, fragt der Mann.

»Das ist eine Orange«, sagt die Frau. »Stellen sie sich vor, 1939 eine Orange! Seine Tante aus Würzburg hat ihm die geschickt zu Weihnachten. Seine erste

10 Orange überhaupt. Da war er fast fünf. Er war so ein zarter Junge. Zu Weihnachten 1938 hat er die Orange bekommen. Das Bild ist von *Heilig Dreikönig* 1939. Da hatte er sie immer noch nicht gegessen. Nur immer daran gerochen wie ein kleines Kaninchen.«

15 »Fünf war er da?«

»Ja, fast fünf. Das war kurz vor dem Krieg. Wo soll ich es denn ...?«

»Legen Sie das Bild einfach auf den Tisch«, sagt der Mann.

20 »Und das *Pendel* weiß, ob er lebt?«

»Das Pendel weiß nichts, es zeigt uns nur, was wir wissen, ohne dass wir es wissen.«

»Wissen Sie«, sagt die Frau, »alle haben mir gesagt, ich sollte es nicht tun. Es gibt ja so viele schlechte

25 Menschen jetzt, so viele, die an der Not anderer reich werden wollen.«

Heilig Dreikönig, der 6. Januar
das Pendel, ein Körper, der an einem Punkt aufgehängt ist und hin und her schwingt

»Sie zahlen nichts, wenn das Pendel keine Antwort zeigt.«

»Nein, bitte!«, sagt die Frau. »Verstehen Sie mich nicht falsch. Ich habe schon alles versucht. Was glauben Sie, was ich schon alles versucht habe? Als 1945 keine Post mehr kam und nur die Meldungen vom Vormarsch der Russen! Am liebsten wäre ich gleich hingefahren, aber es ging ja nicht. Gab doch keine Züge. Und dann war Ostpreußen abgeschnitten, mein Mann im Krieg gestorben und ich in Berlin *ausgebombt*. Ich war dann in Würzburg bei meiner Schwester, der Orangentante, aber da war ja auch alles kaputt.«

»Wollen wir jetzt?«

»Ja«, sagte die Frau.

»Konzentrieren wir uns nun«, sagt der Mann und schließt die Augen. »Sag uns, Pendel, sag dieser Mutter, ob ihr Kind Clemens Graber noch lebt.«

Das Pendel hängt an einer Kette. Der Mann hält sie ganz ruhig über das Foto: ein kleiner Junge mit einer Orange in der Hand. Dieser kleine Junge, der fünf Jahre später mit Millionen anderen deutschen Kindern die große Stadt verlässt, auf die immer mehr Bomben fallen und der 1945 mit elf Jahren irgendwo in Ostpreußen verschwindet, dieser kleine Junge darf nicht tot sein; denn er ist das *ein und alles* dieser Frau, die in einer bayrischen Kleinstadt sitzt und auf das Pendel *starrt* und hofft, dass es über dem Foto einen Kreis beschreiben möge. Denn ein Kreis heißt ja. Auch der Mann, der das Pendel hält, will ein Ja. Was nützt es, wenn sich das

ausgebombt, durch Bomben alles verlieren
das ein und alles, das Liebste
starren, immer in eine Richtung sehen

15

Pendel hin und her bewegt und mit seinem Nein eine Hoffnung zerstört?

Das Pendel bewegt sich. Es macht einen Kreis. Ja, sagt das Pendel. Das Kind Clemens Graber lebt, sagt das
5 Pendel. Wer sonst soll es wissen, wenn nicht das Pendel.

Die Frau, Katrin Graber, zahlt fünfzig Mark für das Ja. Das ist sehr viel Geld. Viel mehr hat sie nicht. Sie erzählt es niemandem. Aber sie weiß nun, dass ihr Sohn eines Tages zurückkommen wird. Ganz sicher
10 weiß sie das, obwohl sie eigentlich eine sachliche Frau ist, die sich so leicht nichts *vormachen* lässt ...

| *vormachen*, belügen

Sommer 1950

Im Juli wurden die Kinder aus Polen an die Grenze zur *sowjetischen Besatzungszone* gebracht. Mit einem Bus wurden sie in ein Lager nach Friedland gefahren. Ein Arzt untersuchte sie. Die kranken Kinder kamen sofort in die Kranken*baracke*, wo man sie badete und ins Bett steckte. Die anderen wurden in eine andere Baracke geführt, wo man ihre *Personalien* aufschrieb, soweit sie diese überhaupt angeben konnten. Über fünfzig Kinder warteten schon vor ihnen.

»Erst monatelang gar keine und dann alles auf einmal!«

Zwei Männer in Rotkreuzuniformen trugen eine *Kiste* voller Schuhe über den Gang.

»Vorsicht! Macht doch mal ein bisschen Platz!«

Die Männer mussten aufpassen, dass sie auf kein Kind traten. Dicht an dicht starrten sie vor sich hin. Leere Gesichter, das Warten gewohnt. Nur ganz wenige schienen überhaupt lebendig. Manche saßen mit dem Gesicht zur Wand: lieber eine Wand als immer die anderen vor Augen, nie allein sein, nie für sich, schon jahrelang!

»Vorsicht! Lasst uns doch durch«, sagten die Männer.

Ein kleines Mädchen zog einen der Männer am

---

die sowjetische Besatzungszone, die frühere DDR
die Baracke, ein einfaches Haus aus Holz
die Personalien, Angaben zur Person, wie Name, Datum und Ort der Geburt usw.
die Kiste, ein großer Kasten

Hosenbein. Sie trug einen alten kaputten Mantel und ein Kopftuch. Sie war vielleicht sieben Jahre alt, aber sie sah aus wie eine alte Frau.

»Mutti holen Gisela«, sagte sie.

5   »Wie bitte?«, sagte der Mann.

»Mutti holen Gisela!« Sie konnte nur noch diese drei Wörter Deutsch. Sie war mit zwei Jahren auf einem Treck verloren gegangen und hatte seitdem in polnischen Lagern gelebt.

10   »Einen Augenblick«, sagte der Rotkreuzmann. »Ihr kommt alle dran und dann holt euch eure Mutti. Wir haben hier nur die Schuhe für euch.«

»Schu-he?«, sprach das Mädchen nach. »Mutti Gisela Schu-he«, sagte sie.

15   »Setz dich!«, sagte ein Junge mit einer *Draht*brille. »Hat jemand was zu rauchen?«

Das Mädchen erschrak und setzte sich wieder hin.

Die Rotkreuzmänner mit der Schuhkiste gingen durch das Meer aus Kinderbeinen den Gang hinunter

20   und verschwanden durch eine Tür.

Der Junge mit der Drahtbrille ging zum Fenster. Draußen flogen Vögel unter dem Vordach hin und her. Der Junge neben ihm stand auf und ging auch zum Fenster. Er sah hinaus in einen blauen Himmel. Sein

25   Kopf war *kahl*rasiert. Wahrscheinlich war er blond. Aber das sah man nicht.

der Draht, ein Faden aus Metall
kahl, leer; ohne Haare

Der Junge mit dem kahlen *Schädel* holte eine *Zwille* und einen Stein aus seinem Rucksack und zielte auf die Vögel.

»Nicht! Hör auf!«, sagte der Junge mit der Draht-
5 brille und drückte ihm die Zwille hinunter. »Du brauchst nicht mehr Vögel zu schießen. Es gibt bald dickes Abendessen. Sag ich dir. Bald sind wir dick und fett und nicht von Vögeln.«

Dann wurden wieder welche reingerufen. Irgend-
10 wann war der Junge mit der Drahtbrille dran. Er sagte, was er von sich und seiner Familie wusste. Das war nicht viel, denn seine Familie war *umgekommen* auf der Flucht. Wo er denn hinwolle, fragte man ihn. »Irgend-wo«, sagte er, »Es wird sich schon was finden. *Bissel*
15 essen, bissel schlafen, bissel rauchen.«

Dann kam noch der Mann vom Suchdienst und führ-te ihn in einen Raum voller Fotos. Der Suchdienstmann zeigte ihm die Fotos. Lauter Leute, die in derselben Gegend verloren gegangen waren wie der Junge mit der
20 Drahtbrille.

Zwei Bilder erkannte der Junge. Das eine zeigte ein Mädchen. Die war in einem Lager gestorben. Und das

die Zwille
die Zwille

der Schädel, der Kopf
umkommen, sterben
bissel = bisschen

20

andere Foto zeigte den Jungen mit dem rasierten Schädel. Allerdings war er da jünger und hatte Haare, blonde Haare.

»Und du bist sicher, dass du ihn kennst?«

»Das ist Karnickel«, sagte der Junge mit der Drahtbrille. »Bissel jünger, aber er ist es. Haben Sie was zu rauchen?«

Sie gingen hinaus und holten Karnickel herein. Aber Karnickel sagte nichts. Alles schien ihm Angst zu machen, die Menschen in ihren Uniformen, die Reihe mit den Tischen, hinter denen die Rotkreuzleute saßen und ihre Papiere ausfüllten, vor allem aber die Uniformen.

Er wusste, dass das keine Soldaten waren. Sie hatten keine Gewehre und sie hatten andere Gesichter. Aber sie hatten Uniformen an und eine Uniform hatte Macht, Macht, die mit ihm tun konnte, was sie wollte. Auch wenn es eine Frau war, die in der Uniform war. Er schwieg und presste seinen Rucksack vor die Brust wie ein Schild.

»Warum spricht er nicht?«, fragte die Rotkreuzschwester.

»Manchmal spricht er und manchmal nicht«, sagte der Junge mit der Drahtbrille.

»Aber du weißt, dass er Clemens Graber heißt?«, sagte der Suchdienstmann. »Warum nennst du ihn denn Karnickel?«

»Ist sein *Spitzname*, weil er diese Pfote hat. Zeig ihnen deine Pfote, Karnickel. Er hat diese Pfote: sein wertvollster Besitz.« Er ging zu Karnickel und öffnete dessen Rucksack. »Zeig sie ihnen, bringt dir Glück, wirst sehen!«

| *der Spitzname*, ein Name, den man zum Spaß bekommt

21

Karnickel riss seinen Rucksack an sich, aber er holte eine kleine weiße Kaninchenpfote heraus.

»Hat er Papiere?«, fragte die Schwester.

»Nein, keine Papiere«, sagte der Junge mit der Drahtbrille. »Ist übers Meer gegangen. Hat alles verloren.«

»Übers Meer, was meinst du damit?«

»Hat er gesagt. Wenn er Lust hat, erzählt er Ihnen wie ein Buch. Das macht er. Einfach übers Meer gegangen wie Jesus. Kennen Sie Jesus? Ist auch übers Meer gegangen.«

»Du meinst, er war an der Ostsee, 1945 und ist übers Haff gegangen, im Winter?«, sagte der Suchdienstmann. »War das Meer zugefroren?«

»Ja, übers Meer, war zugefroren.«

»Das könnte stimmen«, sagte der Suchdienstmann. »Clemens Graber war bis Weihnachten 1944 in der Nähe von Allenstein in Ostpreußen kinderlandverschickt.«

»Ja. War großes Haus. Lazarett eigentlich. Und ich war schon gesund. Ich habe dort gearbeitet. Essen austeilen, bissel sauber machen, alles.«

»Und dein Freund war krank?«

»War sehr krank. Bissel noch, dann stirbt er, hab ich gedacht. Ich habe ihm extra was gegeben. Ist er wieder gesund geworden. Kann man seine Mutter gleich holen.«

»Ein bisschen Geduld muss er schon noch haben«, sagte die Schwester. »Und es wäre gut, wenn er uns selbst was sagen könnte. Kann er denn überhaupt Deutsch?«

»Sie, der spricht Ihnen das schönste Deutsch«, sagte der Junge mit der Drahtbrille. »Der spricht Ihnen genauso schön deutsch wie ich.«

»Jetzt kriegt ihr erst mal was zu essen und ein Bett, dann sehen wir weiter.«

»Ich schicke ein Telex an den Suchdienst in München«, sagte der Suchdienstmann. Er ging hinaus.

Die Schwester führte Karnickel und den Jungen mit der Drahtbrille in den Waschraum. Nach dem Waschen bekamen sie frische Unterwäsche. Dann wurde gegessen. Dann legten sie sich hin.

Es war noch nicht dunkel, aber sie schliefen gleich ein. Es war ein unruhiger Schlaf. Immer wieder wachte einer auf und schrie. Sie lagen in Doppelstockbetten. Karnickel oben und der Junge mit der Drahtbrille unten. Einmal wachte Karnickel auf, weil sich der Junge mit der Drahtbrille weinend in seinem Bett herumwarf. Es war jetzt Nacht. Karnickel stieg aus seinem Bett, legte sich zu dem Jungen mit der Drahtbrille und nahm ihn in den Arm. Der Junge mit der Drahtbrille wachte nicht auf, aber er wurde sogleich ruhig.

Karnickels Gedanken gingen zurück, zurück zu dem kleinen Jungen auf dem Bahnhof. Er trug einen grauen Mantel, eine kurze Hose hatte er an und lange, *kratzige* Strümpfe. Eine Mütze auf dem Kopf, frisch geputzte Stiefelchen und eine Paketkarte um den Hals. Ein Stück Gepäck, fertig zum Verschicken, so stand er da, der achtjährige Clemens Graber.

Jetzt hatten sie ihm wieder ein paar kratzige Strümpfe gegeben und wieder hatten sie ihm so eine Paketkarte um den Hals gehängt. Wieder stand Clemens Graber darauf. Aber mit einem Fragezeichen. Und das war gut so. War er das denn, war er schon wieder Clemens Graber, bloß weil er über die Grenze gegangen war? Nein, er

_____

kratzig, grob und hart

23

war Karnickel. Das war er geworden all die Jahre jenseits dieser Mauern, dieser *Stacheldrähte*. Langsam war er dieser Karnickel geworden in den Lagern, Karnickel, der wusste, dass man von Gras und Baum*rinde* leben kann,
5 wenn man sich ab und zu einen Vogel vom Baum holte wegen des *Eiweißes*. Er war Karnickel mit dem Kahlkopf, auch wenn sie ihm nun schon wieder den Clemens Graber umgehängt hatten.

Aber er hatte sehr wohl verstanden, warum die Rot-
10 kreuzleute so aufgeregt waren. Das war immer so, wenn sie eine glückliche Zusammenführung machen konnten. Ihre Aufregung um ihn hieß also, dass es Katrin Graber noch gab. Dass sie auf ihn wartete, dass sie ihn suchte.

Irgendwo draußen *bellte* ein Hund. Karnickel war
15 gleich hellwach. Wieso gab es hier Wachhunde? Für Karnickel gab es Hunde nur als Wachhunde. Wer sollte hier bewacht werden?

Der Hund bellte wieder. Die Türen hatte man nicht abgeschlossen, das wusste er, aber sicher stand ein
20 *Posten* davor. In Uniform. Ein Posten in Uniform. Karnickel fühlte sich eingeschlossen. Jetzt sah er den Schein einer Lampe am Fenster vorbeigehen. Hatten sie einen *erwischt*? War einer *entdeckt* worden? War abgehauen und gefangen worden?

25 Ich dachte, jetzt ist alles vorbei, dachte Karnickel. Ich dachte, jetzt sind wir draußen. Er wollte nicht

der Stacheldraht, ein Draht mit scharfen Spitzen
die Rinde, äußere, feste Schicht von Bäumen
das Eiweiß, das Protein
das Bellen, kurze, kräftige Laute vom Hund
der Posten, die militärische Wache
erwischen, zu fassen bekommen
entdecken, finden

24

mehr *eingesperrt* sein. Jetzt waren auch Schritte auf dem Gang, Schritte, die näher kamen. Der Posten. Oder die Wache. Die Schritte waren nicht sehr laut, eher leise, aber Karnickel klangen sie in den Ohren.

Vorsichtig machte er sich von dem Jungen mit der Drahtbrille los, zog die kratzigen Socken aus und tat sie in den Rucksack. Er zog seine Jacke an, nahm seinen Rucksack und öffnete leise das Fenster. Als die Tür zum Schlafraum aufging und der Schein einer Taschenlampe hereinfiel, sprang Karnickel aus dem Fenster.

Der Junge mit der Drahtbrille hatte ihn gesehen. Er war aufgewacht und wollte gleich hinter ihm her. Aber jetzt ging ein Rotkreuzmann durch die Bettreihen und sah nach, ob alles in Ordnung war, deckte hier einen zu, streichelte dort jemandem über den Kopf.

»Ist alles in Ordnung?«, fragte er den Jungen mit der Drahtbrille. »Schläfst du nicht?«

»Doch, ich schlafe«, sagte der Junge mit der Draht-brille.

»Gut, dann schlaf«, sagte der Rotkreuzmann und verließ den Raum.

Der Junge mit der Drahtbrille packte seine Sachen, zog seine Schuhe an und sprang aus dem Fenster.

Vorne an der Barackenecke sah er Karnickel. Offen-bar wartete er, bis der Rotkreuzmann verschwunden war. Er hatte die Paketkarte vom Hals genommen und zerriss sie in kleine Stücke.

Der Junge mit der Drahtbrille kam vorsichtig näher und stürzte sich dann auf Karnickel. Er warf ihn herum, kniete sich auf seine Oberarme und hielt ihm

einsperren, ins Gefängnis setzen

25

mit der einen Hand den Mund zu. Mit der anderen packte er ihn am Hals.

»Dummkopf!«, sagte er. »Du hast gesagt, du haust nicht ab. Wir gehen nach Hause, hast du gesagt.«

Karnickel versuchte etwas zu sagen.

»Schrei und ich drücke zu!«, sagte der Junge mit der Drahtbrille und nahm die Hand von Karnickels Mund.

»Sie wollten mich holen!«, sagte Karnickel.

»Das war der Hausmeister.«

»Nein, der Hund«, sagte Karnickel. »Die haben Wachhunde. Wir müssen weg. Schnell weg. Lager ist Lager!«

»Meinetwegen weg«, sagte der Junge mit der Draht-brille. »Aber weg nach Hause! Komm!«

Er ließ Karnickel los und lief zu der Suchdienstba-racke hinüber. »Hab' ich gesagt, ich bringe dich nach Hause, bringe ich dich nach Hause. Das mache ich, verstanden?«

Er *horchte*, dann nahm er den Stein und schlug eine *Scheibe* ein. Dann wartete er, horchte. Nichts rührte sich. Er griff durch die eingeschlagene Scheibe und öffnete das Fenster.

»Warte!«, sagte er. »Und hau nicht ab!«

Er kletterte in die Baracke. Karnickel hörte ihn suchen, dann ging ein Streichholz an.

»Au!« rief der Junge mit der Drahtbrille. Er hatte sich offenbar die Finger verbrannt. Einen Augenblick später sprang er aus dem Fenster, packte Karnickel am Arm und zog ihn fort zum Lagerausgang.

Sie waren schnell draußen. Aber sie blieben nicht stehen, liefen weiter am Wegrand. Dann sahen sie das

horchen, sich bemühen etwas zu hören
die Scheibe, der Teil des Fensters, der aus Glas ist

26

Dorf Friedland, ein paar Bauernhäuser, zwei
Gasthäuser, eine Fabrik, dern alten Bahnhof.

»Wir nehmen den Zug!«, sagte der Junge mit der
Drahtbrille. »Du wartest!« Er *huschte* davon und verschwand in der Dunkelheit.

Karnickel steckte die Hand in den Rucksack und
drückte seine Kaninchenpfote.

Viel später kam der Junge mit der Drahtbrille
zurück. »Kein Zug«, sagte er. »Steht da, fährt aber
nicht. Erst morgen. Komm!«

Sie liefen ein Stück vom Bahnhof aus nach Süden,
immer am Gleis entlang. Dann setzten sie sich ins Gras
und warteten.

»Pass auf!«, sagte der Junge mit der Drahtbrille.
»*Güterzug* ist gut. Fährt langsam. Kannst du aufsprin-
gen?«

»Und du?« Die ganze Flucht kam ihm vor wie ein
Traum. Jetzt erschrak er, weil er dachte, der Junge mit
der Drahtbrille wolle ihn allein lassen.

»Reg dich nicht auf!«, sagte der Junge mit der
Drahtbrille. »Ich bin da. Ich hab' gesagt, ich bring dich
zu Mama, also bring ich dich zu Mama. Da schau her!«

Und dann zeigte er Karnickel das Telex vom Suchdienst in München, das er in der Baracke gestohlen
hatte. In dem Telex stand, dass eine Frau Hoffmann,
früher verheiratete Graber aus Himmelsbach, ihren
Clemens suche. Zuletzt gesehen 1945 in einem KLV-
Lager in Ostpreußen.

»Wieso Hoffmann?«, sagte Karnickel.

»He, sie hat geheiratet. Ein Mann zu Hause ist doch

huschen, sich lautlos fortbewegen
der Güterzug, ein Zug, der nicht Personen, sondern Waren transportiert

27

gut. Macht doch nichts. Graber oder Hoffmann. Mama Hofmann ist doch gut. Mensch!«

Karnickel *zitterte* am ganzen Körper.

»He!«, sagte der Junge mit der Drahtbrille. Er
5 bekam es jetzt ein bisschen mit der Angst zu tun. »He! Dein Papa ist tot. Bei Kiew umgekommen, sagst du doch, oder? Warum soll sie nicht wieder heiraten? He? Ist doch gut, Mensch!«

Karnickel zitterte und weinte leise in sich hinein.

10 »He, Mensch, Karnickel! Hör doch auf!«

Da hörte man von ferne ein Geräusch. Das Geräusch kam näher. Ein Zug!

»Mensch, Karnickel, der Zug! Wie spät ist es denn?« Er packte Karnickel und riss ihn hoch.

15 Karnickel blieb stehen und hörte auf zu weinen.

»Der Zug! Der Zug! Der Zug! Los, dein Rucksack!« Der Junge mit der Drahtbrille nahm seine eigenen Sachen auf. »Ich bringe dich heim, das verspreche ich dir!«

20 Es war, wie es der Junge mit der Drahtbrille voraus-gesagt hatte: Ein Güterzug rollte heran, langsam noch, so nah an der Bahnstation. Sie rannten ein Stück nebenher, sprangen auf und versteckten sich in einem der Eisenbahnwagen.

25 »He«, sagte der Junge mit der Drahtbrille. Rat mal, was ich habe!« Aus seinem *Beutel* holte er eine braune *Tüte* und öffnete sie langsam.

»Was ist das?«, fragte Karnickel.

»Mach die Augen zu und steck die Pfote rein!«

---

zittern, den Körper schnell hin und her bewegen, wenn man nervös ist
der Beutel, ein kleiner Sack
die Tüte, ein Beutel aus Papier

Karnickel wischte sich die Hand an der Jacke ab und steckte dann vorsichtig einen Finger in die Tüte. Ein paar weiße Körnchen blieben an seinem Finger hängen.

»Jetzt *leck* ab!«

5   Karnickel leckte den Finger ab. »Hm!«, machte er.

»Kannst *gucken*!«, sagte der Junge mit der Drahtbrille.

»Himmelsüß!«, sagte Karnickel und steckte den feuchten Finger tief hinein. »Woher hast du das?«

»Habe ich beim Essen gesehen«, sagte der Junge mit

10 der Drahtbrille, »Da hab ich mir gedacht, kannst ruhig ein bisschen davon mitnehmen – man kann ja nie wissen ...«

Und dann leerte er ein wenig Zucker auf seine hohle Hand und leckte mit geschlossenen Augen.

15 Der Zug fuhr dahin und die beiden Jungen leckten den Zucker. Und irgendwann schliefen sie ein.

Als sie die Augen wieder aufmachten, wussten sie, dass sie nicht aufgepasst hatten. Der Zug stand. Draußen hörten sie Stimmen. Sie standen auf und wollten davon.

20 Aber man packte sie und brachte sie zur Bahnpolizei.

Sie wurden ausgefragt, aber Karnickel sagte nichts. Er stand nur, seinen Rucksack vor der Brust. Er zitterte.

»Kann er nicht reden?«, fragte der Polizist.

»Doch!«, sagte der Junge mit der Drahtbrille. »Der

25 redet. Der redet sogar wunderschön. Fragen Sie ihn über Karnickel. Erzähl ihnen was über Karnickel!«

Karnickel sah den Polizisten an. Er konnte sich nicht *vorstellen*, dass der etwas über Kaninchen wissen wollte.

---

lecken, mit der Zunge berühren
gucken, sehen
vorstellen, denken

30

»Eines darf man nie«, sagte Karnickel leise, »Kaninchen und Hasen verwechseln. Das darf man nie.«

Der Polizist wurde rot. »Wollt ihr mich für dumm verkaufen!«, schrie er. »Ich sperr euch ein, alle beide. Ich steck euch ins Loch!«

Er sprang auf und kam hinter seinem Schreibtisch hervor. Der Junge mit der Drahtbrille sah, wie Karnickel bleich wurde. Sein Zittern wurde augenblicklich stärker. Gleich würde er sich wieder umfallen lassen. Er musste etwas tun, ganz schnell, sonst kamen sie nie mehr hier weg.

»Renn!«, schrie er. Er gab Karnickel eine *Ohrfeige*, dass es knallte. Karnickel sah ihn an. »Renn nach Hause, Karnickel!«

Und dann rannte er mit dem Kopf voraus dem Polizisten in den Bauch. Der Polizist brach zusammen. Der Junge mit der Drahtbrille fiel über ihn und hielt sich an ihm fest.

»Renn, Karnickel!«, schrie er noch mal. »Du schaffst es!«

Da warf sich Karnickel seinen Rucksack über die Schulter und rannte zur Tür hinaus. Auf dem Flur war ein anderer Polizist. Er versuchte Karnickel fest zu halten. Aber Karnickel war zu schnell. Wenn er einmal rannte, dann konnte ihn so leicht keiner aufhalten.

Er rannte fast eine Stunde. Schon lange war keiner mehr hinter ihm her, aber Karnickel rannte: weg von den Uniformen, weg von den *Gittern*, weg von den Fragen. Weg von dem Jungen mit der Drahtbrille.

die Ohrfeige, ein Schlag mit der flachen Hand auf den Kopf
das Gitter, das Fenster im Gefängnis

Den hatten sie jetzt. Aber der war *schlau*. Der würde sich schon zu helfen wissen. Karnickel wusste nicht, warum der Junge das alles für ihn getan hatte. Er wusste ja auch nicht, warum er nachts im Schlaf zu weinen anfing. Er hatte geredet, immerzu hatte er geredet, aber von sich hatte er nie etwas erzählt. Karnickel hatte sich zu ihm gelegt, wenn er zu weinen anfing in seinem Bett und ihn beruhigt durch seine Nähe. Sonst hatte er nichts für ihn tun können.

Karnickel lag an einem *Bach*, das Gesicht halb im Wasser um sich abzukühlen. Sein Herz klopfte, sein Atem ging stoßweise.

Sie hatten ihn erwischt, den Jungen mit der Drahtbrille, und er konnte nichts für ihn tun. Nichts, außer nach Hause gehen. Das hätte er gewollt, der Junge mit der Drahtbrille, dass Karnickel nach Hause geht zu seiner Mutter. Für ihn würde er nach Hause gehen. Das würde er tun.

Er spürte aber gleich die Angst in seinem Herzen. War das denn sein Zuhause bei dieser Frau Hofmann?

Aber er würde es trotzdem tun. »Ich gehe nach Hause«, sagte er leise vor sich hin. »Ich gehe nach Hause. Ich tue es für dich, Freund. Geh ich nach Hause.«

Er lief über die Felder, die reif in der Sonne lagen, nach Süden. Soviel wusste er, dass er nach Süden musste. Er hatte das Telex unter dem Hemd mit der Adresse seiner Mutter. Er ging, wenn möglich, am Waldrand, damit er sich jederzeit verstecken konnte.

Und dann entdeckte ihn doch einmal ein Bauer. Aber er war freundlich. »Zwei Söhne sind mir im Krieg

---

schlau, klug, listig
der Bach, ein kleiner Fluss

32

geblieben«, sagte er, »und du gehst heim. Das ist ein Glück. Ein großes Glück!« Er nahm Karnickel mit auf seinem Wagen zum Markt. Er gab ihm etwas zu essen und zeigte ihm die Straße, die er nehmen musste.

Karnickel hatte nun nicht mehr so viel Angst, ent- 5
deckt und eingefangen zu werden. Er blieb auf der Straße. Ein Lastwagen nahm ihn mit und später noch einer,
und dann lief er wieder zu Fuß weiter, bis er irgendwann
vor einem Ortsschild stand: HIMMELSBACH.

Er las es wieder und wieder, bis ihm die Buchstaben 10
vor den Augen *zerrannen* ...

Himmelsbach war eine Kleinstadt ohne bedeutende
Industrie, deshalb ist auch im Krieg nicht viel kaputt
gegangen. Nur ein Haus war *zerstört* worden. Inzwischen
ging längst jedermann seinen Geschäften nach. 15

Karnickel ging durch die Straßen von Himmelsbach
und spürte, dass sich alle nach ihm umsahen. Niemand
sah hier mehr so aus wie er mit seinen *abgerissenen Kla-*
motten, den kaputten Schuhen, dem kahlen Kopf und
den tiefen, dunklen Augenhöhlen. 20

Er kam an den Fluss und folgte ihm bis in die Nähe
des Bahnhofes. Er ging am Bahnhof vorbei, bis er wieder
bei den Gleisen landete. Er wartete auf den Zug.

Es kam keiner.

Er holte das Telex aus seinem Hemd und las es noch 25
einmal: »... Katrin Hofmann, früher verh. Graber ...
Clemens Graber ... Himmelsbach ... Am Bache 3 ...«

Er konnte sich das nicht vorstellen: er hier in Himmelsbach.

---

zerrinnen, zerfließen
zerstören, kaputt machen
abgerissene Klamotten, alte, schlechte und kaputte Kleidung

Es kam kein Zug. Es wurde Abend. Karnickel suchte sich einen Unterschlupf. Ein Stück weiter am *Bahndamm* stand eine einfache Holzhütte. Ein *Zaun* war darum und ein paar Kaninchenställe standen an der
5 Seite der Hütte.

Karnickel stieg über den Zaun und sah sich alles an. Die Hütte war mit einer Kette verschlossen. In den Ställen saßen etwa vierzehn oder fünfzehn Kaninchen.

Karnickel holte ein Kaninchen aus seinem Stall,
10 steckte es unter seine Jacke und legte sich damit unter die Ställe zum Schlafen nieder.

Es war inzwischen dunkel geworden.

Gegen Morgen kam ein Güterzug. Karnickel war sofort wach und auf den Beinen. Er setzte das Kanin-
15 chen auf die Erde, das er immer noch in seiner Jacke hatte und das ihm die Brust warm gehalten hatte in der ziemlich kalten Nacht.

Er sprang über den Zaun und rannte zum Bahndamm hinauf.
20 Der Zug fuhr langsam. Er musste nur hinaufspringen, einen Sprung, und er wäre drauf und würde wegfahren aus Himmelsbach, weg aus dieser neuen fremden Welt.

Karnickel ließ den Zug vorbeiziehen und ging zurück zu den Kaninchen. Er öffnete alle Ställe, streichelte die
25 Kaninchen zwischen den Ohren und suchte nach Futterresten. Er fand Stücke von *Karotten*, Brot, Kohl und Salat. Er steckte einen Teil davon in seine Jackentasche.

Er setzte sich auf den Boden und begann zu essen, was er in seiner Tasche gesammelt hatte.

der Bahndamm, der Ort, wo die Gleise liegen
der Zaun, die Bretterwand
die Karotte, die Lieblingsspeise der Kaninchen

Die Sonne stieg über den Bahndamm und die Kirchturmuhr schlug sieben. Karnickel stand auf und machte sich auf den Weg. Die Kaninchenställe ließ er offen stehen. Eine Hand voll Kaninchen war schon herausgesprungen und fraß an dem frischen Gras.

In dem Haus Am Bache 3 war man gerade beim Frühstück, das heißt, Timo Hofmann stand am Frühstückstisch, die Schultasche in der einen, die Kakaotasse in der anderen Hand.

»Setz dich doch hin!«, sagte Katrin Hofmann. Sie stand im Bademantel am Küchentisch und machte Timos Pausenbrot.

»Keine Zeit!«, sagte Timo mit vollem Mund.

»Weil du immer nicht aus dem Bett kommst!«, sagte Katrin. »Was willst du denn drauf? Wurst oder Käse?«

»Wurst und Käse!«, sagte Timo, trank den Kakao aus und *gähnte*.

»Hast wieder die ganze Nacht an deinem *Seifenkistenauto gebastelt*?« Auch Katrin musste gähnen.

»Und du hast wieder Suchdienst gehört mitten in der Nacht. Bist auch nicht gerade frisch.«

»Nun lass du mir mal meinen Suchdienst und mein kleines bisschen Hoffnung.«

»Und du lass mir mein kleines bisschen Seifenkiste!« Timo rannte zur Tür hinaus.

Es war jeden Morgen das Gleiche, sie waren müde, stritten ein wenig und dann vergaß Timo sein Pausen-

---

gähnen, den Mund weit öffnen und dabei tief atmen: ein Zeichen der Müdigkeit
das Seifenkistenauto, ein Spielzeugauto aus Holz
basteln, bauen

36

brot. Wahrscheinlich vergaß er es nur deshalb, damit Katrin ihm nachlaufen musste.

Katrin lief ihm hinterher, raus auf die kleine Treppe zum Vorgarten. Timo hatte inzwischen sein Fahrrad aus dem *Schuppen* geholt und ließ sich nun das Pausen- brot geben. Katrin wollte ihm noch den Kopf strei- cheln, tat es aber dann doch nicht. Timo war zwölf und sie respektierte ihn.

Drüben zwischen den *Müll*tonnen *kauerte* Karnickel. Er sah, wie Timo aus dem Haus kam, sein Fahrrad hol- te, ein wunderschönes, neues Fahrrad, und dann das Pausenbrot von der Frau nahm. Das Frühstück im Bademantel, das machte sie also noch immer, dies ›kleine bisschen *Schlamperei* zum Tagesanfang‹, wie sein Vater es genannt hatte. Daran erinnerte sich Karnickel gut, weil der Bademantel so weich gewesen war und er gar nicht verstanden hatte, wie man das Schlamperei nennen konnte.

Das also war Katrin Hofmannn, früher verheiratete Graber. Und das war ihr Sohn, ganz offensichtlich war das ihr Sohn. Von einem Sohn stand nichts in dem Telex. Karnickel zweifelte keinen Augenblick daran, dass diese Frau im Bademantel seine Mutter war. Aber war er ihr Sohn?

Ihr Sohn war gerade mit dem Fahrrad davongefah- ren. Ihr Sohn hatte dunkelblonde Haare. Ihr Sohn war schön gekleidet, er hatte ein wunderschönes, neues Fahrrad, er ging zur Schule, er bekam ein Pausenbrot, er konnte lachen.

der Schuppen, ein kleines Haus aus Holz
der Müll, das, was man wegwirft
kauern, mit angezogenen Beinen sitzen
die Schlamperei, die große Unordentlichkeit

37

Das da drüben war seine Mutter. Der Junge mit der Drahtbrille wäre zufrieden gewesen. Er war jetzt zu Hause. Aber wäre die Frau auch zu ihm so nett gewesen, zu Karnickel, dem Kahlkopf? Eine Nachbarin war aus ihrem Haus gekommen, als der Sohn gerade davonfuhr. 5

»Groß wird er, Ihr Timo!«, rief die Nachbarin.

Die Frau im Bademantel nickte.

Dann ging das Telefon. Die Frau im Bademantel ging ins Haus und schloss die Tür.

Am Telefon war der Suchdienst in München. Man 10 hätte schon früher angerufen, aber man hätte gehofft, dass man ihn noch findet. Er sei ja in Würzburg der Bahnpolizei in die Hände gelaufen.

Der Mann vom Suchdienst vermied es, »Ihr Sohn« zu sagen. Der Junge, sagte er. Einfach »der Junge«. Zu oft 15 schon hatte man Hoffnungen gemacht und dann gab's eine Enttäuschung, wenn es die falsche Person war.

Für Katrin war jedoch klar, dass der Mann am Telefon von ihrem Sohn sprach. Ihr Clemens würde nach Hause kommen, so oder so. Sie zitterte am ganzen Kör- 20 per, konnte kaum den Telefonhörer halten. Sie sagte: »Was soll ich ... soll ich jetzt ... was?« Und: »Aber wie kommt er denn, wie ...?«

Man riet ihr, Ruhe zu bewahren. Die Polizei sei verständigt. Sie solle nur damit rechnen, dass er bei ihr 25 erscheinen könnte. Ein Kamerad von ihm hätte gesagt, dass er alleine nach Hause wollte. Eigentlich jeden Augenblick könnte er bei ihr erscheinen. Das wolle man ihr nur sagen, auch wenn noch nicht alles klar sei, da der Junge keine Papiere bei sich gehabt hätte. 30

Jahrelang hatte sie gehofft. Alles hatte sie versucht, überall hatte sie gefragt, wo man etwas über ihren

Sohn hätte wissen können. Und jetzt kam er und sie war wie *gelähmt*.

Eine halbe Stunde saß sie nur so da und starrte das Telefon an, als könne es ihr sagen, was nun passieren sollte.

Dann sprang sie plötzlich auf und rannte aus dem Haus. Immer noch im Bademantel lief sie um das Haus herum und schaute überall nach.

Sie ging wieder ins Haus und dachte: Ich muss einen Kuchen backen, einen Schokoladenkuchen.

Dann zog sie sich an und vergaß den Kuchen. Sie nahm frische Bettwäsche aus dem Schrank und ging in Timos Zimmer.

Timos Zimmer war nicht sehr groß und hatte ein Fenster nach hinten raus zum Garten. Ein Schrank stand drin, ein Bett unter dem Fenster, Tisch und Stuhl und ein *Klappbett* gegenüber dem Fenster. Dazwischen ein alter Teppich. Katrin schob Timos Seifenkistenauto unters Bett, öffnete das Fenster, nahm die schmutzigen Kleider weg und machte das Bett. Dann schlug sie das Klappbett von der Wand und legte die frische Bettwäsche darauf. Timos *Zinn*soldatenarmee fiel dabei um. Katrin packte sie in einen *Karton* und stellte ihn weg. Da klingelte wieder das Telefon. Katrin erschrak so sehr, dass sie sich eine Sekunde lang am Schrank fest halten musste. Dann rannte sie in den *Flur*.

»Ja, ja, ja!«, rief sie ins Telefon.

lahm, unfähig sich zu bewegen
das Klappbett, ein Bett, das man zusammenlegen kann
das Zinn, ein Metall
der Karton, eine kleine Kiste aus Pappe
der Flur, der Gang

»Ja, ja, hier auch: Ja«, sagte ihr Mann. »Was ist denn mit dir? Ist irgendwas?«

»Ich kann dir das jetzt nicht alles erzählen!«, sagte sie. Komm doch so schnell wie möglich nach Hause!«

»Will sehen, was ich tun kann«, sagte Friedrich Hoffmann. 5

Sie ging zurück in Timos Zimmer und dachte: Das ist jetzt Clemens' Zimmer. Dabei erschrak sie und sagte sich: Das darfst du so nicht denken. Auch Timo ist dein Sohn, er war dir von Anfang an wie ein eigenes 10 Kind. Er darf nicht weggeschoben werden, weil Clemens wiederkommt.

Timo und ein paar Klassenkameraden kamen von der Schule. Ihr Weg führte am Bahndamm entlang. Timo hatte seinen Freund Ulli hinten auf dem Fahr- 15 rad. Ulli hatte noch kein eigenes Fahrrad.

»Ich bin jetzt fast fertig«, sagte Ulli. »Mein Vater hat mir neue Räder besorgt. Das ist *riesig*.« Er war *begeistert* und Timo war ein bisschen neidisch, dass er noch nicht so weit war mit seinem Seifenkistenauto. 20

Dann sprang Ulli vom Fahrrad und verabschiedete sich. Auch die anderen verschwanden nach Hause. Das letzte Stück fuhr Timo alleine.

Er sah den Jungen gleich. Jeden Tag kam Timo hier an den Kaninchenställen vom alten Koslowski vorbei. 25 Er interessierte sich nicht besonders für Tiere. Er hielt mehr von Autos. Aber dass heute etwas anderes hier war, das sah er gleich.

Die Kaninchenställe standen offen. Die Kaninchen sprangen im Gras herum und mittendrin lag dieser 30

---

riesig, hier: gut, toll
begeistert sein, sich sehr freuen

Junge. Nein, nicht mittendrin. Er lag halb unter den Ställen versteckt, aber Timo sah ihn sofort.

Trotzdem hätte er ihn wahrscheinlich nicht weiter bemerkt. Vielleicht war das ja einer von Koslowskis Leuten.

Wie gesagt, Timo hätte sich kaum um Karnickel gekümmert, wäre einfach weitergefahren, wenn nicht in diesem Augenblick ein älterer Mann mit Hut und Stock von der anderen Seite gekommen wäre: Koslowski.

Auch Koslowski hatte schon von weitem gesehen, dass die Türen seiner Kaninchenställe offen standen. Er erschrak, hob seinen Stock in die Luft und begann zu rennen, das heißt eigentlich *hinkte* er mehr als er rannte.

Timo hielt an. Der Junge gehörte also doch nicht zu Koslowski. Koslowski war nicht sehr beliebt, ohne wirklichen Grund, einfach so, ohne dass jemand weiß, warum. Wenn der sich nun aufregt, da wollte Timo unbedingt dabei sein.

Koslowski *fluchte* laut, als er nahe genug war um alles sehen zu können. Er hatte auch ein bisschen Salat angepflanzt. Den hatten die Kaninchen fast *gefressen*. Und dann sah er den Jungen.

Und der Junge sah ihn. Er sprang auf, nahm seinen Rucksack und sprang über den Zaun und war weg.

Koslowski schrie hinter ihm her: »*Hundskrüppel, elendiger*. Bleib stehen! Hundskrüppel!«

Aber der Junge lief den Bahndamm hoch ohne sich noch einmal umzusehen.

hinken, nicht richtig gehen können
fluchen, Böses sagen
fressen, Menschen essen, Tiere fressen
elendiger Hundskrüppel, Saukerl, sehr böse Worte für einen Menschen

Koslowski folgte ihm. »Wart, du! *Saukerl*, du!«, fluchte er. Aber er hatte keine Chance, den *flinken* Jungen zu erwischen.

»Saukerl!« Koslowski kam hinkend den Bahndamm runter. Er sah Timo. »He, du! Was machst du da? Hast du den gesehen?« 5

»Nein«, sagte Timo, »hab ich nicht. Wieso? Was ist mit dem?«

»Saukerl, der!«, sagte Koslowski. »Lässt mir alle Karnickel raus, dass sie mir den Salat wegfressen. Ist da raufgerannt. Hast du den denn nicht gesehen?« 10

»Nein«, log Timo. Er schaute noch einmal zum Bahndamm hoch, während Koslowski laut fluchend seine Kaninchen wieder einfing.

Da sah Timo eine Bewegung, dann einen Rucksack 15 und dann den kahlen Kopf des Jungen. Der Junge kletterte auf einen Baum und kauerte sich hinter einen dicken *Ast*. Der Junge sah, dass Timo ihn sah. Timo *grinste*. Dann fuhr er nach Hause. Katrin war nicht da.

Timo rief nach ihr, suchte sie im Garten. 20

Sie war nicht da. Auch kein Zettel, nichts. In der Küche standen noch die Kaffeetassen vom Frühstück herum. Mittagessen war nicht vorbereitet.

Timo hatte Hunger. Er dachte nicht daran, dass etwas passiert sein könnte. Er dachte. So was *Blödes*, 25 gibt's kein Mittagessen heute!

---

der *Saukerl*, siehe Worterklärung, Seite 42
flink, schnell
der *Ast*, ein dicker Zweig
grinsen, breit und dumm lächeln
blöd, dumm

43

Er sah das *Fotoalbum* auf dem Tisch liegen. Er kannte es, hatte aber noch nie reingeschaut. Er wollte damit nichts zu tun haben. Er hatte immer das Gefühl gehabt, wenn er dieses Album anfassen würde, dann
5 könne das, was drin war, lebendig werden. Er war damit zufrieden, wenn Katrins Sohn ein Fotoalbum, ein Buch voller Bilder, war und blieb.

Jetzt aber lag das Ding hier rum. Und Katrin war nicht da. Und er hatte Hunger und wusste nicht, was
10 er tun sollte. Er steckte den Finger ins Marmeladenglas und machte das Album auf. Er sah ein Bild von einem kleinen Jungen mit einer Orange in der Hand. Ein bisschen Marmelade fiel auf das Bild. Er bekam ein schlechtes Gewissen. Er wusste, wie wertvoll dieses
15 Album für Katrin war. Er machte es zu, schnitt sich ein Brot ab und ging in sein Zimmer.

Als er die Tür aufmachte, dachte er, jetzt ist es passiert. Ich hätte nicht in das Album sehen dürfen. Jetzt ist es passiert. Er ist da. Und ich bin selber schuld. Er
20 trat mit dem Fuß gegen das Klappbett.

»Wieso denn?«, sagte er.

Er suchte seine Zinnsoldaten. Er fand den Karton und stieß ihn wütend mit dem Fuß unter das Klappbett.

»Ich will das nicht!«, sagte er, warf sich in sein sau-
25 ber gemachtes Bett und starrte an die Decke.

Katrin Hofmann lief durch die Straßen, sah in die Schaufenster der Geschäfte und dachte: Mein Gott, geht's uns allen wieder gut.

| *das Fotoalbum*, ein Buch mit leeren Seiten zum Sammeln von Fotos

45

Katrin sah das alles und sah es doch nicht, weil ihre Augen etwas ganz anderes suchten, etwas, das es eigentlich gar nicht mehr gab. Ein Wesen von einem anderen Stern, aus einer anderen Zeit, sechs Jahre
5 zurück und doch schon eine *Ewigkeit* vorbei.

Wäre sie geradeaus gegangen, sie wäre Karnickel direkt vor die Füße gelaufen.

Auch er lief durch die Stadt. Er hatte sein Baumversteck verlassen und überlegte, ob er nicht wieder den
10 Zug nehmen sollte. Der Zug schien ihm ein *Ausweg*. Nicht irgendein Ziel, das er vor Augen gehabt hätte, nur das Fahren, das Wegfahren.

Aber dann waren ihm wieder die Orangen *eingefallen*, nein, nicht eigentlich eingefallen. Er hatte plötzlich
15 wieder diesen Geruch in der Nase, diesen Duft, den er nie vergessen würde.

Er fand den Obststand. Eine dicke Frau kaufte gerade ein.

»Und dann hab ich da noch was ganz Feines«, sagte
20 der Obsthändler, »Orangen!«

»Dass es die jetzt wieder gibt!«

»Gibt ja jetzt alles wieder, für den, der es bezahlen kann, nicht war?«, sagte der Obsthändler und lachte.

Karnickel war vorsichtig näher gekommen. Jetzt
25 bemerkten ihn die dicke Frau und der Obsthändler. »Du, geh weg! Geh weiter, wenn du nichts kaufst!«, sagte er. »Mach, dass du weiterkommst, du. Sonst hol ich die Polizei!«

---

die Ewigkeit, eine sehr, sehr lange Zeit
der Ausweg, die Möglichkeit, sich aus einer schwierigen Lage zu befreien
einfallen, plötzlich an etwas denken

Karnickel trat zurück, weil er mit einem Schlag rechnete. Dann griff er blitzschnell zu, stahl eine Orange und rannte davon.

Der Obsthändler schrie: »Polizei!« Und: »Haltet den Dieb!«

Aber Karnickel war schnell. Er rannte im *Zickzack* zwischen den Passanten durch und war im Nu weg.

Später saß er wieder auf seinem Baum und schaute den Rücklichtern des Zuges nach, die in der Ferne verschwanden. Unten bei den Kaninchenställen hinkte Koslowski herum. Er hatte die Kisten sauber gemacht, frisches *Heu* und Gras in die Ställe gegeben und die Tiere gefüttert. Er schnitt die Reste des Salates ab, den die Kaninchen übrig gelassen hatten, steckte sie in einen Beutel und ging davon, hinkend auf seinen Stock gestützt.

Als Koslowski verschwunden war, stieg Karnickel vom Baum und lief hinüber zu den Ställen. Er öffnete die Ställe, holte sich ein paar Karottenstücke heraus. Er aß etwas und steckte den Rest in die Tasche. Dann ging er auch davon. Die Ställe ließ er offen.

Gegen acht Uhr abends war Friedrich Hofmann nach Hause gekommen. Er hatte sein Auto im Vorgarten geparkt. Dann stieg er aus. Er war klein und etwas rundlich. Katrin erschien in der Haustür und einen Augenblick später kam Timo heraus.

Inzwischen war es dunkel geworden. Die Straßen waren leer. Den ganzen Weg vom Bahndamm hierher hatte Karnickel niemanden getroffen. Trotzdem bewegte

---

im *Zickzack*, das Hin- und Herlaufen
das *Heu*, getrocknetes Gras

47

er sich möglichst im Schatten der Alleebäume, versteckte sich, wenn er irgendwo ein Geräusch hörte.

Eine Zeit lang saß er dann hinter den Mülltonnen und *beobachtete* das Haus Am Bache 3. In zwei Fenstern brannte Licht. Sie hatten keine Vorhänge oder jedenfalls waren sie nicht zugezogen. Karnickel sah die Frau hinter einem der Fenster auf und ab gehen.

Meine Mutter, dachte Karnickel. Sie geht da auf und ab hinter diesem Fenster.

»Meine Mutter«, sagte er leise, als wolle er probieren, ob die Wörter stimmten, ob sie passten, das »meine« und das »Mutter«. »Meine Mutter«, sagte er leise. Und dann: »Ich fahre wieder weg.« Er fing an zu zittern. »Ich kann den Zug nehmen oder ein Auto.« Er zitterte noch mehr. Nein, dachte Karnickel, nein. Meine Mutter geht da auf und ab hinter diesem Fenster: meine Mutter!

Dann ging er hinüber zu dem Haus und sah in eines der erleuchteten Fenster. Es war die Küche. Niemand war drin. Eine Schüssel mit *Pudding* stand draußen auf dem Fensterbrett zum Abkühlen, süßer, duftender Pudding.

Karnickel *schlich* zum anderen Fenster. Da hatten sie inzwischen den Vorhang zugezogen. Durch einen kleinen *Spalt* konnte man in das Wohnzimmer sehen. Hinten im Raum sah Karnickel ein Tischbein und ein Männerbein. Und die Frau ging am Spalt vorbei. Seine Mutter. Ging hin und her und konnte nicht stillsitzen.

Warum? Hatte man sie schon informiert? Und wenn

---

beobachten, genau ansehen
der Pudding, eine weiche, süße Speise
schleichen, sehr leise gehen
der Spalt, die Öffnung

ja, warum war sie unruhig, vor Schreck oder vor Sorge?

Da schlug der Mann mit der Hand auf den Tisch und der Junge ging an dem Vorhangspalt vorbei, ziemlich nah.

5   Karnickel hielt den Atem an.

»Dann bleib ich eben da, meinetwegen!«, *maulte* Timo und warf sich in einen Sessel.

»Ja, du bleibst da!«, sagte sein Vater, »weil uns das alle betrifft. Und du, Katrin, setz dich bitte hin. Er hat
10 doch deine Adresse aus Friedland. Warum hat er denn die Adresse mitgenommen? Er kommt, glaub mir!«

»Meinst du, er findet uns, Papa?«

»Das wird nicht leicht werden«, sagt er.

Katrin ging in die Küche um den Pudding zu holen.
15 Da hörten sie sie in der Küche rufen: »Der Pudding! Ach Gott, der wird mir doch nicht ...«

Sie liefen in die Küche hinüber.

Da stand Katrin am offenen Fenster und schaute hinaus.

20   »Ich hab ihn da aufs Fensterbrett gestellt«, sagte sie, »zum Abkühlen.«

»Er wird runtergefallen sein«, sagte Friedrich.

Da hörten sie ein Geräusch im Garten.

»Katzen!«, sagte Timo. »Ich schau mal raus.« Und
25 schon war er zur Tür hinaus.

Katrin und Friedrich liefen auch hinaus. Friedrich hatte eine Taschenlampe mitgenommen.

Sie hatten die Schüssel schnell gefunden. Sie war nicht zerbrochen, aber leer, fein sauber ausgeleckt.

| *maulen*, unfreundlich reden

»Solche *Biester*!«, sagte Friedrich.

»O Gott, ich hab die Wäsche noch hängen«, sagte Katrin.

»Lass doch jetzt die Wäsche«, sagte Friedrich. »Komm, wir gehen wieder ins Haus.« 5

Katrin hob die Schüssel auf. »Ich mach uns ein Glas Birnen auf«, sagte sie.

Karnickel kauerte zwischen den Mülltonnen und zitterte. Er hatte Angst, dass er entdeckt würde. Er hätte diesen Pudding nicht nehmen dürfen. Das war ein 10 Fehler gewesen. Aber er hatte nicht anders gekonnt.

Er begann zu frieren. Er schlich sich in den Garten und riss die Wäsche von der *Leine* und *wickelte* sich in die trockenen Betttücher. Dann rollte er sich unter dem Apfelbaum zusammen und schlief ein. 15

Friedrich Hofmann hatte eine unruhige Nacht. Er stand dreimal auf, um sich ein Glas Wasser zu holen. Beim dritten Mal nahm er eine Schlaftablette. Er hatte so viel zu tun. Friedrich Hofmann war *Vertreter*. Immer unterwegs, immer andere Leute, immer freundlich und nett sein, das 20 kostet Kraft und Nerven. Sein Magen war nicht ganz in Ordnung, aber das Geschäft ging gut.

Er war froh, immer wieder froh, dass er damals Katrin getroffen hatte, als er plötzlich allein dastand mit dem Jungen. Ein Glücksfall! Eine wunderbare Frau und sie 25

---

das Biest, ein unangenehmes Tier
die Leine, eine dicke Schnur
wickeln, einpacken
der Vertreter, jemand, der für eine Firma Waren verkauft

konnte es so gut mit Timo und sie nahm ihm, Friedrich, alles ab, was mit dem Haus zusammenhing.

Und jetzt kam ihr Sohn zurück. Katrin hatte ihn nie darüber im Zweifel gelassen, dass sie an die Rückkehr glaubte. Aber die erfolglosen Mitteilungen all die Jahre über hatten Friedrich die Sache vergessen lassen. Anderes war wichtiger. Das Leben ging weiter. Und jetzt sollte er kommen.

Das würde nicht leicht werden. Aber sie würden auch das schaffen. Zusammen mit Katrin würde er es schaffen. Nur auf Timo mussten sie jetzt aufpassen, dass er nicht runterfiel bei der ganzen Sache.

Es war Morgen geworden. Karnickel hatte tief und fest geschlafen in den Leinentüchern seiner Mutter. Als er vor dem Haus Schritte und Stimmen hörte, öffnete er die Augen, blieb aber liegen. Es war warm und weich und roch nach frischen Blumen.

Der Mann stieg schnell in sein Auto und fuhr weg. Und dann dauert es keine Viertelstunde, da verließ auch die Frau das Haus. Der Junge war wohl schon in der Schule.

Karnickel wickelte sich aus den Tüchern und stand auf. Die Sonne war jetzt am frühen Morgen warm und stark.

Timo fuhr auf seinem Schulweg hinaus zum Bahndamm. Als er zu den Kaninchenställen kam, sah er Koslowski durch den Garten hinken. Er fluchte wie immer vor sich hin und fing die Kaninchen ein.

Timo musste lachen. Er hatte, wie gesagt, nicht besonders viel übrig für Kaninchen. Er fand auch, dass die Tiere ein bedauernswertes Leben hatten in ihren engen Kisten, und er freute sich, dass der Junge im Baum sie immer wieder freiließ. Auch weil sich Koslowski so schön ärgern konnte.

Karnickel schlich ums Haus. Er verfolgte kein Ziel. Er wusste ja, dass keiner da war. Die Tür war natürlich verschlossen. Aber er blieb beim Haus, ihrem Haus. Auch das Haus war sie. 5

Er stieß gegen das Kellerfenster. Es ging auf. Karnickel blickte sich noch einmal vorsichtig um, dann stieg er durch das Fenster ins Haus. 10

Das Fenster führte in den *Vorrat*skeller. An der Wand stand ein kleiner Tisch und eine Kiste mit alten Kleidern. Karnickel ging zuerst zur Tür, aber die war vom Haus her abgeschlossen. Auf dem Tisch standen Gläser mit Birnen. Karnickel nahm ein Glas, machte es auf und aß mit den Fingern. 15

Karnickel hatte die Birnen aufgegessen. Er trank den Saft aus und trocknete sich den Mund. Dann durchsuchte er die Kleiderkiste. Er fand einen alten Pullover, einen bunten Schal und ein paar wollene Handschuhe. 20

Er war zufrieden, nahm noch ein Glas Birnen, steckte es in den Rucksack und kletterte dann zum Fenster hinaus.

Karnickel hatte überlegt, ob er zum Bahnhof gehen sollte. Aber dann war er zu den Kaninchen rausgegangen. Er war gerade dabei, die Stalltüren zu öffnen, als er ein *knatterndes* Geräusch hörte, das schnell näher kam. Er packte seinen Rucksack, sprang schnell über den Zaun und rannte den Bahndamm hinauf zu seinem Versteck. 25

der Vorrat, die Reserve von Lebensmitteln
knattern, kurze und harte Geräusche machen

53

Timo hatte ihn gesehen. Und weil er den Jungen kannte, wollte er ihn erwischen. Er fuhr schneller. Sein Fahrrad knatterte wie ein Moped. Als er zu dem Baum kam, war der Junge schon oben in den Ästen und versteckte sein Gesicht hinter dem Baumstamm.

Der Junge musste ein paar Jahre älter als er sein und nicht von hier. So einer wäre ihm aufgefallen. Er kannte hier jeden, zumindest vom Sehen.

»He, warum rennst du weg?«, rief er in den Baum
10 hinauf. Er stand unter dem Baum neben seinem Fahrrad und sah zu dem Jungen hinauf. Der Junge sah zu ihm hinunter, antwortete aber nicht.

»Wohnst du da oben?«, fragte Timo. »Ich wohne da hinten, Stückchen weiter.«

15 Der Junge antwortete nicht. Stieg nur einen Ast höher und *hockte* sich wieder hin.

»Ich hab einen Motor«, sagte Timo. »Schon mal gesehen?«

An seinem Vorderrad war ein Stück Pappe festge-
20 macht. Timo hob das Vorderrad an und drehte es. Der Papierstreifen knatterte und machte das laute Geräusch, das Karnickel von den Ställen verjagt hatte.

Timo schob das Rad ein paar Mal um den Baum. Der Junge bewegte sich nicht.

25 »Bist du ein Affenmensch oder so was?«, rief Timo. Er sah, dass er ihn die ganze Zeit aufmerksam mit den Augen verfolgte.

»Ich glaube, du bist irgendwo abgehauen, stimmt's?« Keine Reaktion.

30 »Vielleicht aus dem Zoo, Affenmensch?« Keine Reaktion.

| *hocken*, kauern

»Ich könnte Koslowski holen. Der ist *stinksauer* auf dich wegen der Kaninchen. Aber das mach ich nicht. Der alte Stinker! Stimmt's?«

Keine Reaktion.

Timo wurde langsam wütend. »Taubstumm, ha? Oder soll ich raufkommen?« 5

Er legte sein Rad hin und ging auf den Baum zu. Der Junge erschrak. Er griff in die Tasche und warf irgendetwas auf Timo hinunter. Timo sprang zur Seite, aber es waren nur Essensreste, Kaninchenfutter, Orangen- 10 schalen.

Timo lachte: »Macht mir doch nichts! Ich komm trotzdem!« Er sprang hoch und packte den untersten Ast.

Da fiel etwas Schweres an ihm vorbei und ging mit 15 einem lauten Knall auf dem Boden kaputt. Glasstücke spritzten in die Gegend und Birnen flogen umher.

Timo hatte vor Schreck den Ast wieder losgelassen und war auf den Hintern gefallen. War der verrückt? Womit warf der denn? Um ihn herum lagen die Reste 20 und Timo erkannte den Deckel eines Glases, der nicht zerbrochen war und an dem noch der Gummiring *klebte*. Er stand auf und machte sich die Hose sauber. Ein Stück Orangenschale klebte an seinem Knie. Er wollte es gerade wegmachen, dann aber nahm er es in die Hand, 25 schaute es an, roch daran und sah zu dem Jungen hinauf.

»Orangen«, sagte er leise. »Das ist er.«

Timo überlegte nun, was er tun sollte. Sollte er dem Jungen sagen, wer er war? Sollte er ihm den Weg nach Hause zeigen? Sollte er nun die Hand ausstrecken? Nach 30

---

stinksauer, wütend
kleben, festsitzen

dem? Nach so einem, der mit Birnengläsern nach ihm warf?

Noch weiß er nicht, wer ich bin, dachte Timo. Vielleicht geht er ja wieder, wenn er uns nicht findet.

5 Timo sagte nichts. Er nahm sein Rad und fuhr nach Hause.

Karnickel biss sich in die Hand um nicht schreien zu müssen. Was hatte er getan? Er hätte den Jungen *umbringen* können, ihren Jungen, ihren Lieblingssohn.
10 Er war ein schlechter Mensch. Das hatten sie aus ihm gemacht, ein Untier, ein Monster, das man nie und nimmer gern haben konnte.

Trotzdem rechnete er damit, dass sie gleich kommen würden ihn zu holen. Der Junge hatte ihn erkannt,
15 irgendwie hatte er ihn erkannt. Karnickel wusste nicht, woran. Sicher hatten sie längst *Nachricht* vom Lager Friedland, wo er abgehauen war. Und der Junge mit der Drahtbrille hatte ihnen wahrscheinlich alles erzählt. Er musste von hier weg. Das Versteck *taugte*
20 nun nichts mehr.

Er kletterte von seinem Baum, öffnete noch einmal alle Kaninchenställe und lief davon.

Timo ließ sein Fahrrad einfach vor der Tür stehen und ging die paar Stufen zur Haustür hinauf.
25 »Katrin!«, schrie er. Aber es meldete sich niemand.

Sie hatte ihm nichts zu essen gemacht. Er öffnete den Brotkasten. Er war leer.

umbringen, töten
die Nachricht, die Mitteilung
taugen, gut sein, brauchbar sein

»Nicht mal Brot!«, schrie er.

Er entdeckte die Orangen. Sie lagen noch im Einkaufsnetz. Er nahm sich eine und ging in sein Zimmer.

In diesem Augenblick kam Katrin nach Hause. Sie war wieder am Bahnhof gewesen. Dort hatte sie die Zeit vergessen und war dann schnell noch was einkaufen gelaufen. Gerannt war sie um noch rechtzeitig vor Timo zu Hause zu sein. Sie wollte ihm sein Lieblingsessen machen. Er durfte nicht glauben, dass er jetzt an zweiter Stelle käme.

Jetzt war sie wütend, dass sie es nicht geschafft hatte. Nichts, keine Nachricht von Clemens und Timo schon zu Hause!

»Timo! Wo bist du?«

Sie stellte die Einkaufstaschen in die Küche und ging ins Kinderzimmer. Sie klopfte. Keine Antwort. Sie öffnete die Tür. Timo saß mit Schuhen auf dem Klappbett und aß die Orange. Er sah Katrin nicht an. Katrin hatte sich immer wieder gesagt, bleib ruhig, versteh seine Reaktion. Aber jetzt kamen auf einmal mehrere Signale zusammen, die sie wütend machten: Timo saß in Schuhen auf dem Klappbett mit der frischen Bettwäsche; er antwortete nicht, wenn sie ihn rief und wenn sie bei ihm klopfte, er sah sie nicht an. Sie verlor die Geduld.

Wie er so wenig Verständnis haben könne, rief sie und dass es doch auch für sie nicht leicht sei, vor allem für sie. Und sie hätte doch extra sein Lieblingsessen eingekauft. Es sei doch nicht ihre Schuld, dass sie nirgends eine Nachricht bekomme und deshalb alleine überall herumlaufen müsse, ihn zu suchen, ihren Jungen zu suchen. Ob er das nicht verstehen könne? Er sei doch kein Kind mehr, das müsse er doch verstehen!

»Und sitz nicht mit den Schuhen auf den neuen

Betttüchern!«, rief sie. »Und wer hat dir gesagt, dass du die Orangen essen sollst? Die sind doch für ...«

Timo hatte nichts gesagt. Eigentlich akzeptierte er das *Donnerwetter*. Er verstand sie ja. Beinahe hätte er

5 zu weinen angefangen. Dann hätte ihr alles Leid getan. Sie hätte ihn getröstet und alles wäre besser gewesen.

Aber dann kam das mit den Orangen. Das war ein Schlag für Timo. Erst machte sie ihm nichts zu essen, wenn er von der Schule kam, und dann durfte er nicht

10 einmal eine von diesen blöden Orangen essen, weil sie für ihren Liebling gedacht waren.

Jetzt sah er Katrin an, böse und verletzt. Er sprang vom Bett und schloss sich in der Toilette ein.

Katrin schlug die Hände vor die Augen.

15 »Mein Gott, Katrin Hofmann«, sagte sie leise, »warum machst du auch alles falsch!«

Sie ging zur Toilettentür. Sie wollte klopfen, wollte reden, ihm alles noch einmal erklären. Aber dann ließ sie die Hand wieder fallen. Er sollte sich erst ein biss-

20 chen beruhigen. Er hatte ja Recht, wenn er so wütend war, hatte ja so Recht.

Sie ging in die Küche und packte die Einkaufstasche aus. Dann fiel ihr die Wäsche ein. Sie hing ja nun schon zwei Tage draußen. Sie nahm den Wäschekorb

25 und ging in den Garten. Dort sah sie den verschmutzten, zusammengerollten Wäsche*haufen* und vergaß auf der Stelle wieder alle Vernunft.

Sie warf den Wäschekorb hin und rannte ins Haus. Sie klopfte an die Toilettentür. Timo rührte sich nicht.

---

das Donnerwetter, hier: der Ärger
der Haufen, ein kleiner Berg

58

Sie versuchte die Tür zu öffnen, die Tür ging auf. Timo war nicht mehr drin. Er war in seinem Zimmer, lag auf dem Boden. Er hatte den Teppich zu einer Rolle zusammengeschoben und ihn als Grenze zwischen dem Klappbett und seinem Bett gelegt. Er lag auf der Seite und baute seine Zinnsoldaten als Front gegen die Seite von Clemens auf.

Katrin packte ihn an der Hand und zog ihn hoch.

»Was ist denn?«, rief Timo. »Au!«

»Das weißt du genau!«, sagte Katrin und zog ihn hinter sich her in den Garten hinaus.

»Ich weiß gar nichts!«, maulte Timo.

»Gar nichts, hm? Und was ist das?« Sie zeigte auf den Wäschehaufen. »Du wirst mir jetzt erklären, was du dir dabei gedacht hast, mein Sohn!«

Timo schwieg.

»Warum hast du die Wäsche runtergerissen? Warum? Warum? Habe ich nicht genug zu tun? Warum tust du das?«

Timo sagte nichts. Obwohl er *ahnte*, wer das gemacht hatte. Ja, eigentlich wusste er es ziemlich sicher. Das passte gut zusammen. Er war hier gewesen, der Andere. Er hatte den Pudding gefressen, die Birnen *geklaut* – das hatte Katrin noch gar nicht bemerkt – und die Wäsche *versaut*.

Timo sagte nichts.

Er dachte: Das ist jetzt also eine Probe von dem, was kommt. Ihr Sohn tut irgendetwas und ich werde dafür bestraft.

---

ahnen, einen Verdacht haben
klauen, stehlen
versauen, verschmutzen

Katrin warf wütend die Wäsche in den Korb. Da ging das Telefon.

Katrin ließ Timo stehen, packte den Korb und rannte ins Haus. Sie warf den Korb in die Ecke und hob den Hörer ab.

»Ja, bitte?«

Es war die Polizei.

»Sie suchen Ihren Sohn?«, sagte der Polizist. »Wir haben hier einen, das könnte er sein.«

Karnickel hatte die Stadt verlassen. Jetzt, wo der Junge ihn erkannt hatte, wollte er nur noch weg.

Er lief durch ein Wäldchen und kam an eine Eisenbahnbrücke. Er wartete, bis er einen Zug hörte. Einen Augenblick lang spielte er mit dem Gedanken, sich vor die Lokomotive fallen zu lassen. Aber dann wartete er doch, bis ein offener Wagen kam und sprang ab.

Er landete in einem Haufen Kohlen. Es dauerte nicht lange, dann hielt der Zug. Er schaute vorsichtig über den Rand des Kohlenwagens und wusste gleich, wo er war.

Der Zug stand im Bahnhof von Himmelsbach. Karnickel hatte sich in der Richtung geirrt und war zurückgefahren.

Er schaute vorsichtig nach allen Seiten und kletterte dann aus dem Wagen. Als er auf dem Bahngleis ankam, stand ein Bahnbeamter neben ihm. Karnickel wollte wegrennen, aber der Beamte packte ihn und brachte ihn ins Bahnhofsgebäude. Man rief die Polizei. Karnickel wurde abgeholt.

Als Katrin die Polizeistation betrat, hob Karnickel die Arme über den Kopf. Er wollte seinen kahlen Schädel verstecken, aber es sah aus, als hätte er Angst vor

Schlägen.

Katrin machte einen Schritt auf ihn zu und streckte die Hände aus. »Clemens«, sagte sie leise, »Clemens.« Dann blieb sie stehen.

Die Polizisten sahen sich an und verließen den Raum.

»Clemens«, sagte Katrin. »Clemens.«

Karnickel ließ vorsichtig die Arme runter und sah Katrin von der Seite her an. Er war bereit, zur Seite zu springen, wenn sie näher kommen würde. Aber seine Mutter stand nur so da. Sie nahm die Hände runter und schaute ihn an. Er musste nicht wegspringen, musste keine *Haken* mehr *schlagen*, musste nicht rennenrennenrennen. Er war nicht mehr Karnickel, er war jetzt wieder Clemens. Da umarmte sie ihn und fing an zu weinen.

Sie musste ein Protokoll unterschreiben und die Polizisten fuhren die beiden sogar mit dem Polizeiwagen nach Hause.

Katrin nahm Clemens an der Hand und führte ihn ins Haus. Ihr Herz klopfte. Zum Glück sah sie niemand von den Nachbarn und auch Timo war nicht da.

Mein Gott, Timo, was machte der bloß. Sie hatte ihn einfach so stehen lassen vorhin ...

Sie schloss die Haustür und wartete.

Clemens stand im Gang und bewegte sich nicht. Dann begann er sich umzusehen. Er ging in alle Zimmer, wie eine Katze, die ihr Revier inspiziert.

In der Küche entdeckte er Orangen. Er sah Katrin an. Katrin nickte. Er nahm eine Orange und drückte sie an die Nase. Dann steckte er sie in die Jackentasche.

Haken schlagen, im Zickzack laufen

62

Er sah in den Brotkasten. Katrin hatte frisches Brot gekauft. Er nahm ein Stück heraus und bis hinein. Den Rest steckte er ein.

Dann ging er in den Keller. Als er an die Tür zum Vorratskeller kam, war sie abgeschlossen.

»Man kann die Tür aufschließen.« Sie nahm den Schlüssel und gab ihn Clemens.

Clemens nahm den Schlüssel, schloss die Tür auf und betrat den Vorratskeller. Was ist denn hier passiert? dachte Katrin, als sie das offene Fenster sah und bemerkte, dass einige Gläser mit Birnen fehlten. Aber sie sah die Antwort in Clemens' Gesicht.

Er nahm ein Glas Birnen und gab es Katrin.

Katrin lächelte und nahm das Glas. »Komm, ich mach's dir auf. Komm!« Sie ging nach oben und Clemens folgte ihr.

Er öffnete die Badezimmertür und sagte: »Baden!«

Timo war einfach mit dem Fahrrad herumgefahren. Er wollte nicht zu Hause bleiben und warten, bis sie ihn brauchte. Er fuhr runter zum Fluss. Es gab da einen Platz, wo ein großes *Kanalrohr* aus dem Ufer trat. Es roch nicht immer besonders gut da, aber hier hatte er Ruhe und konnte seinen Gedanken nachgehen.

Warum war Katrin denn so ungerecht gewesen? Sie waren doch immer gut ausgekommen miteinander, von Anfang an. Erst hatte er ein bisschen Angst gehabt, als sein Vater die neue Mutter mit nach Hause brachte. Das war jetzt knapp zwei Jahre her. Aber es war auch schon wieder ewig. So viel war passiert seit damals.

das Kanalrohr, eine Leitung, aus der gebrauchtes, verschmutztes Wasser abfließt

Alles war besser geworden. Alles war jetzt gut. Gut gewesen, dachte er. Kann es noch gut sein, jetzt, wo der Andere gekommen ist?

Ein Wind kam auf. Timo blieb einfach sitzen. Dann fing es an zu regnen. Er nahm sein Fahrrad und fuhr langsam heim. 5

Als er das Haus betrat, war der Doktor da. Sie waren im Wohnzimmer und verabschiedeten sich gerade. »Er muss vor allen Dingen wieder zu Kräften kommen«, sagte der Doktor und ging hinaus. 10

»Komm«, sagte Katrin. Sie nahm Timo an der Hand und führte ihn ins Wohnzimmer.

Clemens stand am Fenster. Er hatte das Fenster aufgemacht. Es regnete noch immer.

»Das ist Clemens, Timo«, sagte Katrin. »Das ist 15 Timo, Clemens.«

»Sie *stellen* sich nicht *unter*«, sagte Clemens ohne sich umzusehen. »Sie sind ein bisschen dumm. Wenn es regnet, werden sie nass und frieren.«

Erst dachte Timo: »Verrückt ist er auch noch! Aber 20 dann verstand er plötzlich und lächelte. »Hast du sie wieder rausgelassen?«

Clemens drehte sich um und grinste. »Ja«, sagte er.

»Worüber redet ihr denn?«, fragte Katrin.

»Über Karnickel«, sagte Timo. 25

Clemens ging früh ins Bett. Der Doktor hatte gesagt, er solle viel schlafen.

»*Räumst* du noch ein bisschen *auf*«, sagt Katrin, »während ich das Klappbett ordne?«

sich unterstellen, ins Trockene gehen
aufräumen, Ordnung machen

Timo verstand, was sie meinte. Er baute seine Solda-
tenfront ab. Dann setzte er sich an den Küchentisch
und machte seine Hausaufgaben.

Als Clemens aufstand, war Timo schon in der Schule.
5 Er wollte wieder baden und dazu Birnen haben. Dann
frühstückte er noch einmal mit Kakao und Brot und
Wurst und Käse. Und die Reste steckte er in seinen
Rucksack, den er immer noch mit sich herumtrug.
    Dann gingen sie in die Stadt, Sachen für Clemens
10 einkaufen und anschließend zum *Einwohnermeldeamt.*
Das Einwohnermeldeamt war ein großes, *finsteres*
Gebäude. Im ersten Stock waren alle Fenster vergittert.
Clemens zitterte. Er hatte die Gitter vor den Fenstern
gesehen, und die langen Gänge mit den vielen Türen
15 kamen ihm vor wie ein Gefängnis. Und als er dann den
ersten Beamten in Uniform sah, riss er sich von seiner
Mutter los und rannte aus dem Amt.
    »Clemens!«, rief sie. »Clemens! Mein Gott! Bleib
hier! Clemens!«
20 Sie rannte hinter Clemens her, aber der war längst
verschwunden. Sie lief durch die Straßen und fragte
alle Leute. Aber sie fand ihn nicht. Schließlich machte sie sich auf den Heimweg.

Als Timo zur Tür reinkam, war seine erste Frage: »Wo
25 ist Clemens?«
    »Er ist weg«, sagte Katrin.
    »Weg?«

das Einwohnermeldeamt, das Amt, wo alle Bewohner einer Stadt
registriert sind
finster, sehr dunkel

»Weggelaufen. Ich hab ihn die ganze Zeit gesucht.
Ich hab ihn nicht wieder gefunden.«

»Hast du im Keller *geschaut*?«

»Im Keller?«

»Bei den Birnen!«

Katrin sprang auf und lief in den Keller.

Aber Clemens war nicht da. Es war auch keines der
Gläser verschwunden oder geöffnet worden.

»Wo kann er nur sein?«, sagte Katrin. Sie zog Timo
an sich und legte ihren Kopf auf seine Schulter.

Er legte seine Arme um Katrin und drückte sie fest.
Dann machte er sich los und sagte: »Ich weiß, wo er
ist! Komm!«

Erst gingen sie zu den Kaninchenställen. Aber er war
nicht da. Dann liefen sie zum Bahndamm hinauf.

»Da ist der Baum«, sagte Timo. »Da sitzt er immer.
Das ist ein Stück von einem Birnenglas.«

Wie lange hat er es schon gewusst? dachte Katrin.
Aber sie fragte nicht danach. »Er ist nicht da«, sagte
sie. »Vielleicht ist er nach Hause gelaufen. Vielleicht
steht er vor der Tür und kann nicht rein.«

Katrin war plötzlich ganz sicher, dass Clemens bei
ihnen zu Hause vor der Tür stand. Sie musste heim,
sofort.

»Ich suche noch ein bisschen«, sagte Timo.

»Danke«, sagte Katrin, »du bist eine große Hilfe.«
Dann ging sie weg.

Timo hob einen Stock auf und ging langsam weiter.

Und dann sah er ihn hinter einem Schuppen.

Timo rief seinen Namen und fing an zu rennen.

| *schauen*, sehen

Und auch Clemens rannte. Er sprang hinter dem Schuppen hervor und rannte davon.

»Clemens, bleib stehen! Du Idiot! Bleib doch stehen!«

5 Clemens rannte in Richtung Fluss.

Da krieg ich ihn, dachte Timo. Bald kann er nicht mehr weiter!

Clemens war vielleicht hundert Meter voraus, als er das Ufer erreichte.

10 Als Timo ans Ufer kam, war Clemens verschwunden.

Wo war Clemens? Wo war er? Er schrie: »Clemens!«, so laut er konnte. »Clemens!«

Es war ein Schrei aus Wut und Verzweiflung. Wut, weil dieser blöde Junge nicht stehen geblieben war, und
15 Verzweiflung, weil er sich schuldig fühlte, schuldig, Clemens in den Fluss gejagt zu haben und dieser Idiot konnte womöglich nicht schwimmen. Er lief ein Stück das Ufer hinauf, drehte um, lief in die entgegengesetzte Richtung, blieb stehen und sagte noch einmal leise:
20 »Clemens.«

Als er sich umdrehte um nach Hause zu gehen, sah er das Kanalrohr. Es war die Stelle, wo sein Kanalrohr aus dem Ufer trat, der Platz, wo er so gerne saß. Timo sah das Kanalrohr und wusste, wo Clemens steckte.

25 Er lief hin und sah ihn auch gleich, wenigstens die eine Seite von ihm. Er kauerte etwa zwei Meter in dem Rohr drin. Sein Gesicht war nicht zu sehen.

»He, du, ich kann dich sehen. Komm raus!«

Clemens bewegte sich nicht. In dem Kanalrohr war
30 kein Wasser, aber die Wände waren feucht und es stank.

»Komm doch raus. Das stinkt doch da drin.«

Keine Reaktion.

»He, wenn du nicht rauskommst ... Ich hol dich, du *Spinner*!«

Jetzt drehte Clemens den Kopf ein wenig.

»Also gut, dann hol ich dich. Und heute hast du kein Birnenglas.« 5

Timo kroch in das Kanalrohr hinein und packte Clemens am Arm. Aber Clemens biss ihm in die Hand. Timo schrie auf und zog sich zurück.

»Du blöder Idiot!«, schrie er. »Bist du verrückt? Beißt mich der! Dann bleib doch drin, du stinkiger Spinner!« 10

Timo setzte sich draußen neben das Rohr an seinen Platz, rieb sich die Hand und starrte in den Fluss.

»Mensch, komm doch raus«, sagte er wie zu sich selbst. Warum kommst du denn nicht raus? Sie sitzt zu Hause und wartet auf dich und weint. Komm doch 15 raus!«

Schließlich stand Timo auf, stieß wütend einen Stein in den Fluss und ging nach Hause. Er hatte getan, was er konnte.

Aber als er nach Hause kam, war Katrin nicht da. 20 Sie hatte es wohl nicht mehr ausgehalten und war wieder losgegangen Clemens zu suchen.

Was sollte Timo jetzt machen? Sie suchen? Dann war Clemens vielleicht schon wieder weg. Nein, er musste zurück zum Fluss und aufpassen oder ihn 25 irgendwie *herauslocken*. Irgendwie. Mit irgendwas?

Timos Blick fiel auf das Seifenkistenauto. Er erinnerte sich, wie Clemens es angeschaut hatte. Er holte es unter dem Bett hervor und trug es zum Fluss. Es war nicht besonders schwer, aber am Ende taten ihm doch die 30 Arme weh.

der Spinner, der Verrückte
herauslocken, mit Versprechungen herausholen

Clemens war noch da. Timo stellte das Seifenkisten-auto so vor das Kanalrohr, dass Clemens es gut sehen konnte, und trat dann zur Seite. Er ging das Ufer hoch und setzte sich oben auf das Kanalrohr wie ein Reiter.

5 Dann wartete er.

Er musste lange warten, aber komischerweise hatte er keinen Zweifel daran, dass Clemens sich von dem Seifenkistenauto aus seinem Loch locken ließ.

Und dann kam er heraus. Er kroch auf allen vieren, 10 sah nach links, nach rechts, wie ein Tier.

Er wartete noch einen Augenblick, ganz still, bis Clemens ganz draußen war, dann sprang er auf ihn, riss ihn zu Boden und hielt ihn fest.

Aber Clemens schlug um sich und es gelang ihm sich 15 umzudrehen. Timo verlor die Kontrolle über Clemens. Schließlich wusste er sich keinen anderen Rat mehr, als Clemens beim Hals zu packen und zuzudrücken.

Clemens wurde rot, dann blau. Seine Augen waren weit offen.

20 »Hörst du jetzt auf!?«

Da gab Clemens auf.

Timo *lockerte* vorsichtig den Griff um seinen Hals. Er ließ von ihm ab und legte sich neben ihn.

Lange lagen sie so.

25 Keiner sagte ein Wort.

Dann setzte sich Clemens langsam auf und sah das Seifenkistenauto an und sagte: »Kann es fahren?«

»Ist noch nicht ganz fertig«, sagte Timo und stand auch auf. »Aber es fährt schon. Komm!«

30 Timo schob das Seifenkistenauto einen kleinen Berg hoch und machte es startbereit.

---

lockern, loslassen

70

»Also los!«, sagte er.

»Du zuerst«, sagte Clemens.

»Gut«, sagte Timo und setzte sich hinein. »Schieb an!«

Clemens schob an und Timo fuhr den Berg hinunter. Dann schob er das Seifenkistenauto wieder hoch.

»Ganz einfach«, sagte er. »Jetzt du!«

Aber Clemens *traute sich* nicht.

»Dann den halben Berg«, sagte Timo.

Sie gingen den halben Berg wieder runter. Dann setzte sich Clemens in das Seifenkistenauto. Timo gab ihm einen kleinen Stoß und Clemens rollte los. Er rollte nicht sehr schnell, aber er stieß einen lauten Schrei aus voller Lust und Angst.

»Und jetzt von oben!«

»Nein!«

»Doch!«

»Nein!«

»Dann fahren wir zu zweit.«

Sie schoben das Seifenkistenauto ganz hoch. Dann setzte sich Clemens hinein und Timo schob an. Dann sprang er im Fahren auf und sie *rasten* den Berg hinunter.

Jetzt schrien sie beide.

Das Seifenkistenauto lärmte und *schwankte* und dann ging das Rad kaputt und sie fielen auf die Seite. Es passierte ihnen nichts, aber das Seifenkistenauto zerbrach in tausend Stücke.

Als sie aufstanden und sich ansahen, mussten sie lachen. Sie lachten und lachten und konnten gar nicht mehr aufhören.

sich trauen, Mut haben
rasen, sehr schnell fahren
schwanken, sich hin und her bewegen

71

Dann nahm Timo das abgebrochene Rad und sagte: »Komm, jetzt gehen wir heim.«

Clemens nahm die restlichen Räder unter den Arm und folgte Timo.

5 Sie gingen den Berg hinunter und schwiegen, *kicherten* ein bisschen und schwiegen. Timo ging voraus und Clemens folgte ihm.

Aber plötzlich blieb Clemens stehen: »Warte! Komm!«, sagte er.

10 Er bog vom Weg ab und lief zum Bahndamm.

Als sie die Kaninchenställe sahen, blieb er stehen.

Koslowski war aber nicht da.

»Komm!«

Sie stiegen über den Zaun und öffneten alle Ställe.

15 »Weißt du, wie ich dich nennen werde?«, sagte Timo.

»Ich nenne dich nicht Clemens. Ich nenne dich Karnickel.«

Da lachte Clemens-Karnickel und nahm seinen Rucksack ab. Er suchte darin herum und holte die 20 Kaninchenpfote heraus. Sie war schon lange nicht mehr weiß, aber das Fell war immer noch weich und *seidig*.

»Eine Hasenpfote?«, sagte Timo.

»Kaninchen«, sagte Karnickel. »Hermelinkaninchen. Das sind die Allerkleinsten.«

25 »Dein Glücksbringer?«, sagte Timo.

»Ja«, sagte Karnickel.

Er steckte die Kaninchenpfote in die Hosentasche und warf den Rucksack *in hohem Bogen* ins *Gebüsch*.

Und dann gingen sie nebeneinander her nach Hause.

kichern, mit leiser Stimme lachen
seidig, sehr weich
in hohem Bogen, mit viel Kraft
das Gebüsch, Sträucher, niedrige Bäume

Fragen

1. Wie kommt Clemens zu dem Namen Karnickel?

2. Was ist ein KLV-Lager?

3. Warum und vor wem muss Karnickel übers Haff fliehen?

4. Wie versucht Katrin Graber, ihren Sohn wieder zu finden?

5. Wie ist das Verhältnis Karnickels zu dem Jungen mit der Drahtbrille?

6. Wie lernen sich Timo und Karnickel kennen?

7. Warum lässt Karnickel immer wieder Koslowskis Kaninchen aus dem Stall?

8. Welche Rolle spielt Timos Seifenkistenauto?

9. Was symbolisiert Karnickels Rucksack?

10. Am Anfang des Buches steht ein Zitat von Josef Reding: »Ein Krieg wird noch Jahrzehnte später bitter bezahlt.« Was meint er damit?

Aufgaben

1. Du bist Zeitungsreporter und hast eben Clemens Graber interviewt. Schreibe anhand der Stichwörter, die du aufgeschrieben hast, einen Zeitungsartikel.

   Clemens Graber, geb. Ostern 1939; KLV-Lager in Ostpreußen; Flucht; Suchdienst; Lager Friedland; der Junge mit der Drahtbrille; Himmelsbach; Katrin Hofmann-Graber; Timo.

2. Wie könnte die Geschichte weitergehen? Schreibe ein weiteres Kapitel: »Herbst 1950.«

3. Hier sind fünf Sätze. Setze sie in die richtige Reihenfolge.
   a) Timo zeigt Clemens sein Seifenkistenauto.
   b) Das Pendel bewegt sich über dem Bild von Clemens.
   c) Der Junge flieht mit dem Treck übers Haff.
   d) Timo stellt das Seifenkistenauto vor die Kanalöffnung.
   e) Karnickel nimmt ein Glas Birnen vom Tisch.
   f) Sie lecken den Zucker.

4. Setze die fehlenden Wörter ein. Die jeweiligen
   Anfangsbuchstaben ergeben ein Lösungswort:

   _____.

   »Ich wurde in _____ ausgebombt.«
   Himmelsbach war eine Kleinstadt ohne bedeutende

   _____.

   Er ging zu Karnickel und öffnete dessen _____,
   _____dem Waschen bekamen sie frische
   Unterwäsche. »Los Junge, wir gehen jetzt übers

   _____.«

Sprachübungen

1. Setze ins Präteritum:

Der Junge nimmt seinen Pappkarton.
Das Kaninchen trägt er unter dem Hemd.
Das meterdicke Eis auf dem Haff sinkt.
Das Pendel hängt an einer Kette.
Der Junge läuft weg.
Der Wagen versinkt im Meer.

2. Setze das Relativpronomen ein:

Dieser kleine Junge, _____ fünf Jahre später die
große Stadt verlässt.

Auch der Mann, _____ das Pendel hält, will ein Ja.

Dann zeigte er Karnickel das Telex, _____ er in der
Baracke gestohlen hatte.

Er setzte das Kaninchen auf die Erde, _____ er immer
noch in seiner Jacke stecken hatte.

Er schnitt die Reste des Salates ab, _____ die
Kaninchen übrig gelassen hatten.

3. Setze den bestimmten oder den unbestimmten Artikel ein:

_____ Junge nimmt seinen Pappkarton und _____ Rucksack und reiht sich in _____ Treck ein.

_____ Eis reißt auf unter _____ Rädern.

_____ Suchdienstmann zeigte ihm _____ Fotos.

Karnickel wischte sich _____ Hand an _____ Jacke ab und steckte dann vorsichtig _____ Finger in _____ Tüte.

Er kam an _____ Fluss und folgte ihm bis in _____ Nähe _____ Bahnhofes.

4. Bilde den Plural folgender Substantive:

der Mann – die _____
der Junge – die _____
der Tisch – die _____
der Vogel – die _____
der Zug – die _____
der Stall – die _____